生活保護
ケースワーカー
<ruby>はじめての<rt></rt></ruby>現場の実務

山中 正則

学陽書房

はじめに

　本書は、人事異動で初めて生活保護の現場、福祉の現場を経験する人に向けて、生活保護ケースワーカーの仕事をより良く実践するための方法を、具体的な事例を元にお伝えする一冊です。

　本書を手に取られた方は、実際に生活保護ケースワーカーとして仕事を始め、次にどうすればよいか、どう仕事をすすめていけばよいかと感じている方だと思います。

　そう悩むのも当然で、生活保護は「最後のセーフティネット」と例えられ、他の法律や制度による保障では賄いきれない部分を全てカバーしています。そのため生活保護ケースワーカーは、担当する被保護者を援助するために、色々なことを学びそれを実践しなければなりません。ひとりが扱う範囲は非常に広く、そして掘り進めると深いものなので、新人ケースワーカー、特に過去の私のように「福祉知識ゼロ」で、生活保護の担当に異動してきた人は何から手を付ければよいか悩んでしまうことかと思います。

　本当であれば、一人ひとりのケースワーカーがじっくりと生活保護制度、様々な福祉施策、そして対人援助の技法などを学ぶ時間があればよいのですが、慢性的な人不足、短期間での人事異動もあって、なかなかそういった時間を取ることもできないでしょう。

　そこで本書では、生活保護ケースワーカーが抱えるつまずきを解消するために、現場で感じるつまずきを整理して、その内容ごとに仕事にそのまま活用できる実践的な取り組み方を紹介します。

CHAPTER 7：仕事が多すぎると感じるときの対応
CHAPTER 8：ケースワーカーから集めた質問

　これらを、実際に私が用いていた方法などを交え、皆さんの仕事に応用できるようにわかりやすい形で収めました。どのCHAPTERから読んでもよい構成になっているので、自分が今つまずきを感じているところから読むのもおすすめします。

　本書はいわば実践編ですので、ケースワーカーの仕事に就くときの心構えや、最初に感じる壁を乗り越えるための仕事の基礎を知りたい方は、姉妹著である『福祉知識ゼロからわかる！　生活保護ケースワーカーの仕事の基本』（学陽書房／2022）を読んでみてください。

　ケースワーカーの仕事は、少し慣れたときにこそ悩み事が増えてきます。そんなときに本書が悩み事を解消できるきっかけ、処方薬になれれば嬉しいです。
　より良い生活保護ケースワーカーの実践になりますように。

2023年4月

山中　正則

　凡例　本書では関係通知等を略称して次のように表記しています。
［ 告 ］：厚生省告示（昭和38年4月1日厚生省告示第158号「生活保護法による保護の基準」）
［ 次 ］：厚生事務次官通知（昭和36年4月1日厚生省発第123号厚生事務次官通知「生活保護法による保護の実施要領について」）
［ 局 ］：厚生省社会局長通知（昭和38年4月1日社発第246号厚生省社会局長通知「生活保護法による保護の実施要領について」）
［問答］：厚生省社会局保護課長通知（昭和38年4月1日社保第34号厚生省社会局保護課長通知「生活保護法による保護の実施要領の取扱いについて」）（一般的に「課長問答」と呼ばれるもの）
［別冊問題集］：『生活保護手帳別冊問答集』（中央法規）
　法　：生活保護法

CONTENTS

CHAPTER
5　自信を持てる！
　　　「家庭訪問」のしかた

CHAPTER 8 ｜ ケースワーカー、スーパーバイザーの相談室

CHAPTER 1

問診
まずはあなたの仕事を
振り返りましょう

1 | 仕事、うまくいって いますか?

✓ 問診　元気に働けていますか?

　こんにちは。あれっ、浮かない顔をされていますね。どうかされましたか?　仕事がうまくいっていない……気がする、ですか。

　ケースワーカーの仕事もようやく覚えて、面接や事務もこなしてはいるんだけどなんだか疲れる、と。そうですね、あなたが疲れていること、うまくいっていないこと、聞かせていただけませんか?　少しは私もお役に立てるかもしれません。

✓ ケースワーカーの仕事の大変さ

　「ケースワーカーって大変だね」と友人、知人によく言われます。

　「そうだよ、大変なんだよ」と思う方も多いでしょう。では、「どんなこと」が大変なのでしょうか?

　生活保護ケースワーカーの仕事は、生活保護制度を利用する被保護者と接し、支援する対人業務です。被保護者が直面する様々な状況を支援するためには、福祉分野全般にわたる専門的な知識が必要になります。

　また、ケースワーカー1人で大体80世帯、場合によってはそれ以上の世帯を担当するので、生活保護費の支給など規則的な事務処理も、毎月、スムーズに素早くこなさなければなりません。

　そういった「ヒト」「仕事内容」「仕事量」などの複合的な要素が混じり合って積み重なるので、ケースワーカーの仕事の大変さを一言で説明

するのはとても難しいことです。

✓ 自分の「お疲れ」に早めに気付こう

　ケースワーカーに限らずどんな仕事でもそうかもしれませんが、1年目には手取り足取り教えてくれた先輩も、次の新人が入ってくるとそちらの教育に手一杯になります。時にはあなたがその新人の教育係になることもあるでしょう。

　ケースワーカーは担当制をとっているので、1人で判断したり、処理したりしないといけないことが多くあり、先輩や周囲の同僚がそれを十分にケアすることは難しいです。そのため、仕事に少し慣れたとき、「ちゃんとこなしているはずなのにうまくいかない」「何かが足りない」といった自分でもきちんと説明できないズレが生じることがあります。

　物理的に仕事が多かったり、難しいケースを抱えていたりと、目に見える大変さは、自分でも気付くことができますが、こういった原因が特定しづらい、ちょっとしたズレはなかなか気付くことができません。

　そして、そのズレをそのままにして仕事を進めていると、知らず知らずのうちに「何が原因かわからない疲れ」が溜まってしまいます。

　ケースワーカーとして仕事に慣れてきたときにこそ、こういった自分の「疲れ」に敏感になって早めに気付き、自身の体や心をいたわってあげましょう。そうすることで、より良い仕事に励むことができます。まずは、あなた自身がどんな仕事をしていて、どんなことが負担になっているかに気付くところから始めましょう。

これから仕事を頑張りたいあなたへの処方箋

**仕事のステップアップは、
まずあなたの「お疲れ」に気付くことから**

2 | あなたの仕事のつらさは どこから?

✓ 仕事のつらさも人それぞれです

　生活保護ケースワーカーの仕事を続けていく中で、被保護者への助言や指導がうまく進められなかったり、仕事量が多くて事務処理が追いつかなかったりと、つらさを感じる機会は多いかと思います。そんなつらさを感じたときには、できる限り早く対処したいものです。

　人には得手不得手があります。例えば私であれば、被保護者への助言や指導はつい感情的になってしまうのでストレスを抱えてしまいます。一方で、大量の事務処理はそれほど負担に感じることはありません。他人からはたくさんの書類を抱えていて大変そうに見えても、鼻歌交じりに淡々と処理を進めています。一方で、書類を1枚、机に置かれるだけで胃がキリキリと痛むくらいに事務処理が苦手という人もいるでしょう。

　風邪をひいたときに飲む薬には、高熱に効くものや咳に効くもの、喉の痛みに効くものなど、症状に合わせて色々な種類が存在します。仕事のつらさも人それぞれで、つらさに合わせた薬（対処）が必要です。

　あなたのつらさに効く薬を、あなた自身が理解するために、あなた自身の得手不得手を考えてみましょう。

✓ つらさに合わせて、正しく対処しよう

　本書では、ケースワーカーの仕事で生じやすいつらさごとに対処の仕方を次のとおり解説しています。

ケースワーカーの仕事がまだよくわからない ＞CHAPTER 2

　ケースワーカーの仕事は幅広いので、一度に何もかも覚えることは難しいです。優先して覚えないといけないこと、やらないといけないことを見極めるところから始めましょう。

被保護者への助言・指導が難しい ＞CHAPTER 3

　被保護者は、様々な問題を抱えています。助言や指導は、ケースワーカー自身が抱え込まないことが大切です。専門的な知識を持っている方との連携を考えたり、援助方針の立て方を学んだりしましょう。

相談、面接が苦手でストレスを感じる ＞CHAPTER 4

　面接の場では、突然の相談事や想定とは違う反応も多くあります。被保護者をコントロールしようとするのではなく、お互いに落ち着けるコツをつかみましょう。

決められた家庭訪問をこなせない ＞CHAPTER 5

　家庭訪問は必須の業務ですが、機械的に行うのではなく、質も大切にしましょう。スムーズにこなすためには下準備が大切です。

保護記録を書くのが苦手 ＞CHAPTER 6

　会議の発言を議事録にまとめるのとは違って、保護記録は定型書式を使うことなどで効率化することができます。慣れるまではそういったテンプレートや先輩ケースワーカーの書いた記録を活用しましょう。

そもそも仕事が多すぎる ＞CHAPTER 7

　抱えている仕事の多さが見えなくなっていませんか？　仕事の分量そのものよりも、どの仕事があなたにとって一番負担感が強いのかを探って、そこから解決していきましょう。

つらさを感じるあなたへの処方箋

つらさは人それぞれ。
あなたのつらさに効く薬（対処）を見つけよう

3 | あなたらしい ケースワーカー像の見つけ方

✓ すごい先輩に気後れしない

　ケースワーカーの仕事に慣れてくると、先輩ケースワーカーの仕事がわかるようになって「すごい！」と思う反面、自分の仕事の拙さに苦しくなることがあります。

　私が生活保護ケースワーカーだったとき、周りには色々な「すごい」先輩ケースワーカーがいました。20年以上のキャリアを持つ先輩は、何かを質問したら、すぐに生活保護手帳のどこを読めばよいか教えてくれました。窓口で凄む強面の被保護者に対して一歩も引かない先輩や、老若男女どんな被保護者の方とも柔らかい口調でスムーズに面接・相談をこなす先輩もいました。

　そういった先輩のすごさに触れると、「もっと制度や様々な方策を覚えて対処法を身につけないと」「どんな事例にも対応できるスーパーケースワーカーを目指さないと」と思ってしまうかもしれません。しかし、そうやって無闇に走り出しても、思ったところにはたどり着けません。

　あなたの周りのすごい先輩たちも、実のところ得意、不得意があります。そして、そのすごさを身につけるまでに色々と試行錯誤して、その結果、今のスタイルにたどり着いていることでしょう。

　ですから、そんな周りの先輩たちに気後れすることはありません。慌てずあなたのスタイルを見つけて、あなたらしい「すごい」ケースワーカーを目指してみませんか？

✓ すごいケースワーカーの種をあなたも持っている

　あなたらしい「すごい」ケースワーカーの目指し方としておすすめしたいのは、自身が持つ「すごいケースワーカーの種」、つまり、あなたの強みを見つけるということです。

　生活保護の業務は被保護者への助言や指導といった専門的な対人業務だけではなく、扶養調査や課税調査といった調査業務などの事務作業も思っている以上に多いので、前職での経験、家庭環境、得意分野などが役に立つことが多いといえます。

　例えば、私はケースワーカーになる前は戸籍や住民登録を担当していたのですが、そのおかげで被保護者の扶養調査や相続関係の整理に強く、特に単身被保護者が亡くなられたときの対応はスムーズにこなすことができました。また、当時は自分にも産まれたばかりの子どもがいたので、同じように乳幼児を抱える親の被保護者とは、離乳食やおむつ、夜泣きの話など共通する子育ての悩みを、近い目線で話すことができていたと思います。

　ケースワーカーの仕事は初めてで何もわからないと思っているときに、ぜひ自分自身が経験してきたことの中にある「すごいケースワーカーの種」に気付いて、その種を大切に育てる気持ちで、あなただけのケースワーカー像を見つけていただければと思います。

　不得意な分野や苦手な作業をカバーしていくのも大切ですが、何でもできるスーパーケースワーカーを目指すよりも、得意8：苦手2くらいの気持ちで取り組んで、特徴のあるケースワーカーを目指しましょう。

> **すごい先輩に追いつきたいあなたへの処方箋**
>
> ## 誰も持っていない「すごいケースワーカーの種」に気付いて、育てよう

4 | 後になって効いてくる ケースワーカーの経験

✓ 話の共有で経験を還元する

　自身が働いている福祉事務所以外の場所で、生活保護ケースワーカーをしている人と話をする機会があると、思っている以上に話が弾みます。

　同じ仕事に就いていることで、お互いが担当している被保護者への対応の悩みや、失敗話、笑い話などの話題がスムーズに共有できるのです。ケースワーカーは被保護者の個人情報をたっぷり抱えて仕事をするので、自分が抱え込んでしまっているつらさや悩みを吐き出したり、共有したりすることが苦手な方が多いように感じます。仕事がうまくいっても、うまくいかなかったとしても、それを褒められたり慰めてもらったりできなければ、仕事のやりがいを感じたり、自己肯定感を高めたりすることができません。

　ですから、ケースワーカー同士で仕事の話をすることは、仕事の経験を自分自身に還元するために、結構大切なことです。

✓ ケースワーカーを経験して得る3つの効能

　多くのケースワーカーは他のケースワーカーに話したくなる「鉄板ネタ」を持っています。それは、仕事を通して得た経験、学びそのもので、その一つひとつがケースワーカーから異動した後にとても役立ちます。

　特に生活保護の現場の経験は、他の職場と比べても次の3つの点で貴重なものになります。

1つ目は、公共や福祉の基礎を体に染みこませることができる点です。被保護者の多種多様な困りごとを直接的に支援するということは、福祉施策や生活保護制度が実際にどう必要とされているのか、何が足りないのかを実体験で学ぶことになります。その経験は他部署に異動しても、自分が担当している仕事がどんな人の助けになっているのか、書類や数字だけでは見えない肌感覚として残ることでしょう。

　2つ目は、生活保護制度に限らず様々な福祉施策、制度、そして施設やその仕事に携わる人を知ることができる点です。生活保護では他法他施策への理解が欠かせません。1つの部署の範囲以上の仕事を生活保護の現場では知ることができます。ケースワーカーだったときに得た他法他施策の知識は、次の部署でその仕事や関連する事業を担当する際に、施策や制度の理解をスムーズに進める大きな助けになるでしょう。

　3つ目は、物事を解決しようとする行動力を得ることができる点です。被保護者からの相談ごとの中には、既存の施策、制度ではカバーできないものもあります。生活保護は「最後のセーフティネット」として、どう解決したらいいのかわからないものでもなんとかしなければいけません。そのためケースワーカーは頭を悩ませて解決策を考え、被保護者に提案したり、時には新しい方策を考え実行したりすることになります。たとえそのときに解決できなかったとしても、乗り越えようとして培われた行動力は、確実にあなたの身に付いて、型どおりの仕事をこなすだけでは乗り越えられない仕事に立ち向かうときに役立つでしょう。

　このような経験は、ケースワーカーとして身に付けたい力でもあります。この機会を活かしてぜひ力を付けてください。

これからのキャリアを考えるあなたへの処方箋

ケースワーカーの濃密な時間は、異動後も自分を支える経験になる

5 | ケースワーカー自身が
元気なのが一番

✓ より良い仕事のため、自分のことを大切にする

　私がケースワーカーの仕事に就いて1年くらい経ったときに一番大切にしていたのは、自分自身の健康を保つということでした。

　ケースワーカーの仕事のつらさの種類や度合い、対処方法は人それぞれです。周りの同僚が気付いてフォローできることもありますが、全て完璧に滞りなく行うことは難しいでしょう。

　生活状況が苦しくなって生活保護を利用するに至った被保護者は、ひどい風邪を引いているようなものです。ケースワーカーのアドバイスは対処療法にすぎません。ですが、「沿道のサポーター」として接するケースワーカーもフラフラだと被保護者は安心して相談できません。

　ですから、ケースワーカーにとって良い仕事をするための最優先事項は、自身が心身共に健康であること、ワクチンを打つように予防をしておくこと、つまり、自分のことを大切にすることです。

✓ 元気でいるために必要な「楽をする」ということ

　ケースワーカーが心身共に健康であるために最初にやるべきことは、「楽をする」ということです。手を抜くというのではなく、自分自身にかかる負担を少なくすることを考えて、常に仕事をデザインするのです。

　様々な福祉施策に精通し、困っている被保護者を支える、そんなすごいケースワーカーになるために自分自身に苦行を強いるのではなく、こ

んな順番で仕事を考えてみてください。

①自分の「仕事の許容量」を常に意識する

100％の達成度を求めず、どこまでできるのか、どこからしんどいのかを考えて、自身の許容量を意識しましょう。

②1人で仕事を抱えず、被保護者を含む他人を頼る

自分がわからないこと、自分に足りないことは周りを頼りましょう。「周り」は当事者である被保護者も含めます。積極的に意見を求め、判断の選択肢を増やしましょう。

③負担が減るのであれば、どんどん他人のやり方を真似る

周りの先輩ケースワーカーなどの仕事を見て、自身が「楽になる」と思ったやり方はどんどん真似をして取り入れましょう。

次章から、実践的な仕事の取り組み方を紹介します。使えそうなところはつまみ食いして試してみてください。

✓ 空元気も元気のうち

「空元気も元気のうち」はケースワーカーにぴったりな言葉だと思います。仕事をパーフェクトにこなせていなくてもしんどい、つらいと思うのではなく、意識的に少しだけ笑顔を作って、「やるぞー」と、空元気でも自分を鼓舞できれば、少しだけ自分を楽にできるはずです。ケースワークはチーム戦、周りには先輩や同僚もいます。

仕事を完璧に覚えることよりも、空元気でもいいので元気に仕事を始めてみましょう。

> **元気に仕事をしたいあなたへの処方箋**
>
> ### 空元気も元気のうち！
> ### 自分の心身を整えてから仕事を考える

1 ＳＶの皆さん、仕事うまくいっていますか？

　章末では悩める新人スーパーバイザー（ＳＶ、ケースワーカーの指導監督を行う職員）に向けてアドバイスをお届けします。ＳＶの方は仕事の参考のために、ケースワーカーの方はＳＶが大切にしていることを知るために、読んでみてください。

　ＳＶの仕事はケースワーカーの仕事とはまた違った難しさがあるなぁと常日頃から思っています。ケースワーカーの経験なしにＳＶになる方や、福祉分野外からの異動でＳＶになると、ケースワーカーからの質問・相談が多いことに驚くと思います。

　そんなＳＶ初経験の皆さんには「ケースワーカーとともに悩む」ことを恐れないでほしいと思います。ケースワーカーは、ＳＶに相談するときには解決を急ぎすぎて即効薬を求める傾向にあります。ＳＶがあたふたして何も答えられないと「この人に相談しても無駄だ」と思われ、信頼関係が築けなくなってしまいます。

　「ちょっと私に詳しく説明して」と、答えを返すことよりも抱えている問題を共有していくと、ケースワーカー自身も問題を整理して、説明できるようになります。聞いているＳＶも理解が進みやすくなります。そして、一緒に悩みつつも問題の解決に向けて進めるでしょう。

　現場の最前線で活躍するケースワーカー、後方で全体を見渡すＳＶと役割は異なりますが、同じ現場で同じ方向を向いて仕事をしています。正解への最短距離はどちらも持っていません。だからこそ、一緒に悩んで、一緒に動くことをＳＶは意識してほしいと思います。

> **ひとくちmemo**
> 答えへの最短距離よりも、行く先を見渡す時間を確保する

CHAPTER **2**

やるべきことがわかる！
ケースワーカーの
仕事

1 | ケースワーカーの仕事は人々の「普通」を考え、支えること

✓ ケースワーカーは「普通」を考え続ける

　あなたにとって、生活保護ケースワーカーの仕事とはどんなものでしょうか？

　被保護者は様々な理由で生活が困難になり、そして、思う通りにならない状態で生活保護にたどり着きます。

　そんな被保護者が再び自分たちの思った通りに生活できる、つまり、「普通」の生活を送ることができるように、生活保護制度に基づいて被保護者を支援することが生活保護ケースワーカーの仕事です。

　そして、そんな仕事をするためには、ケースワーカーがその「普通」を考える必要があります。

　人によって「普通」の生活の内容は異なります。生活保護で定められた「必要な保護」がその助けになることもありますが、生活保護が保証する「最低限度の生活」がその人にとっての「普通」とはなり得ないこともあります。「普通」をひとつの定義で定めることはできません。まず人それぞれ違う「普通」を考えることが、ケースワーカーにとって欠かせない仕事のひとつです。

✓ 「普通」を考える３つの視点

　人それぞれ違う「普通」を考えるにあたって、ケースワーカーには次の３つの「普通」の把握と使い分けが必要です。

①被保護者にとっての「普通」

被保護者が考える「普通」が、何よりも大切です。生活保護を利用するまでに損なわれてしまった、被保護者が取り戻したい「普通」を知らないことには、ケースワーカーの支援は見当違いになりかねません。

②生活保護制度にとっての「普通」

被保護者に保障される「最低限度の生活」とは、生活保護制度（や他法他施策）で定める「普通」に他なりません。ケースワーカーは制度上の「普通」を理解して、被保護者に何ができるのかを模索しなければなりません。

③世間一般の「普通」

ケースワーカーが見聞きする「普通」には気を付けなければなりません。世間一般にとっての「普通」は、あなたが考える「普通」と似ていることもありますが、それが絶対無二の考えであると思ってはいけません。

この３つの「普通」は、同じように見えることもありますが、結構、意味合いが異なっています。

「要保護者からの相談に応じ、必要な助言をする」（法第27条の２）とされているケースワーカーにとって、助言は大切な仕事です。そして、その助言のベースには常に「普通とは何か」を置いて支援していく姿勢が必要です。

何も知らずにケースワーカーになったあなたへの処方箋

まずは3つの「普通」について考えよう

2 | 生活保護を開始するとき、廃止するとき

✓ 保護の開始要件を正しく説明する

　一般的に「生活に困窮したとき」に生活保護が開始されるとされていますが、具体的にどのような状態になれば保護が開始になるか、きちんと説明できますか？

　生活保護の相談・申請に来られる方の多くは、「生活保護が絶対に必要だ」「生きるにはこれしかない」と生活保護を最後の頼みの綱としています。そういった方に対して、生活保護を利用しないといけない状態なのか、そうでないのか、また他の法律や施策を活用する余地があるのか説明できるようになっていないと、応対したケースワーカーや福祉事務所への不信感を招くことになってしまいます。

　保護の開始について正しく理解するのは、ケースワーカーの実務を知る最初の一歩といっていいでしょう。

✓ その月の生活費が捻出できなければ保護を開始する

　生活保護を開始する要件をざっくりと簡単に説明すると、

その月の生活費を、手持ちの資金で捻出できないとき

になります。病気や介護で生活が大変だとか、離婚して子どもを育てていけないなど、窓口に相談に来られる方の困窮の原因は多岐にわたりますが、生活保護を開始する一番大切な要件は「生活費を捻出できるかどうか」という点です。

このとき「生活費を捻出できるかどうか」の判断のため、生活費と手持ちの資金を比較する際のポイントは次の3つです。

①生活費を月単位で考えること

生活保護は、基本的に基準額などが月単位で定められています。月の途中で申請があった場合は、生活扶助などを日割りにして計算しますが、あくまでも**その月の生活費が捻出できるかどうか**を判断します。

②生活費には8つの扶助にあたるものがすべて含まれること

生活費というと、一般的には食費や光熱費のような「生活扶助」に含まれるものだけをイメージする方もいますが、保護の開始にあたっては**2－3**で説明する8つの扶助が全て含まれます。

8つの扶助の中には、医療扶助のように一時扶助として支給されるとき以外、被保護者に現金支給されないものがあります。そのため、現金として生活保護費を支給されないけれども、生活保護は開始するという状態もあり得ます。

③活用できる資産は全て生活費との比較に含めること

「手持ちの資金」は財布の中に入っている現金だけではなく、預貯金や動産・不動産なども含まれます。特に預貯金については「○○のために」と目的をもって貯蓄しているものもあるでしょうが、「最低限度の生活の維持のために活用すること」（法第4条）から、将来のためにではなく、今の生活のために活用する必要があります。

✓ すぐに換金できない資産は特別な扱いになる

資産の中には、土地・家屋などの不動産、貯蓄性のある生命保険契約などといった、金銭価値はあるものの、その状態ではすぐに生活費として活用できないものがあります。

仮に1か月の生活費が20万円かかるときに、評価額が1,000万円ある不動産を保有していれば、「生活費＜保有資産」となるため、本来であ

れば生活保護を利用せずとも当面の生活は維持できる状態といえます。ですが、不動産を売却するためには相応の時間が必要となるので、こういった場合は、資産の活用（この場合は、不動産を売却して現金を手に入れる）を前提として、一旦、その不動産を除いた手持ちの資金とその月の生活費の比較を行い、手持ち資金が生活費を下回るときは、生活保護を開始します。

　ただし、手持ち資産から外すといっても、保有資産から外すわけではないので、売却などにより換金できた時点で、それまでに支給された生活保護費を返還していただきます（法第63条）。つまり、換金できるまでの間の生活費を立て替えているような状態で生活保護を適用します。

✓ 保護の廃止は慎重に行う

　生活保護を廃止するのは、大きく分けて次の3つのタイミングです。

①単身者の死亡や福祉事務所の所管地域からの転出などにより、
　生活保護を必要とする人（世帯）がいなくなるとき
②月の収入が、その月の最低生活費を上回るとき
③被保護者が生活保護を辞退したとき

　1つ目のタイミングは比較的わかりやすいかと思います。他市など所管外へ転出する場合、その福祉事務所での生活保護の適用は廃止になりますが、引き続き生活保護の適用が必要な場合は、改めて転出先で生活保護を申請していただき生活保護を開始します。これを「移管」といいます。

　2つ目のタイミングが理想的な保護の廃止のタイミングです。生活保護の開始時はその月の生活費を捻出できないときですが、その反対で、生活を支えるだけの収入が得られるようになれば、生活保護を適用する

必要がなくなります。

この際、特に注意したいのが**保護の廃止を焦らない**ということです。被保護者の就職によって収入が最低生活費を上回ったとしても、次の月には医療費が増えて最低生活費を下回るかもしれません。

これは3つ目のタイミングにもいえることですが、保護を廃止するのではなく、保護を停止して数か月間様子を見るのがよいでしょう。一度保護を廃止してしまうと、改めて保護が必要になったときに申請から始めることになり、速やかに再開することができません。

また、保護を廃止したあとでも、保護が必要になればいつでも申請できることをしっかりと伝えるようにしましょう。

✓ 被保護者の自立のためには世帯収入増を考える

私たちもそうですが、生活費に余裕がないときに、その状態を改善しようとするなら、「収入を増やす」か「支出を減らす」必要があります。しかし、被保護者の場合、最低限度の基準で生活をしているため、日々の出費など直接の支出を減らすことは難しいです。

生活保護からの自立を目標に置く場合、ケースワーカーは各種減免制度を活用するなどして、世帯の支出を間接的に削減できないか確認するとともに、被保護者としっかりと話し合って、どうやって収入を増やすかを考えていく必要があります。

生活保護をうまく説明できないあなたへの処方箋

保護の開始、廃止は
その世帯の生活費を基本に考える

3 | 生活保護の8つの扶助

✓ きちんと理解しておきたい扶助の内容

　生活保護では被保護者に適用される8つの扶助があります。

　ケースワーカーが被保護者を支援するためには、実際に現金として支給されている生活保護費の算定の元になる8つの扶助それぞれがどういう役割をもっていて、どんなとき、どんな用途に支給できるのかを知っておくことが大切です。8つの扶助について大雑把にでも構わないので理解しておきましょう。

✓ 生活扶助

　生活扶助は、8つの扶助の中で最も基本になる扶助です。生活保護手帳では生活扶助のうち月々の生活費にあたる部分を「経常的一般生活費」と、臨時的・一時的に必要になる生活費を「臨時的一般生活費」と記しています。

　経常的一般生活費は世帯を単位として、食費や被服費といった個人が必要とする生活費（第1類）、光熱水費といった世帯で必要となる生活費（第2類）に、個人・世帯の特別な需要に対応する加算を加えて算定します。

　医療機関に入院している場合や介護施設に入所している場合は、第2類に相当する部分は施設で賄われるため、第1類にあたる部分のみをそれぞれ入院患者日用品費、介護施設入所者基本生活費として居宅生活を

送っている被保護者とは別基準で算定します。

臨時的一般生活費は、その名のとおり、月々の経常的一般生活費では賄いきれない需要に対して支給（一時扶助）されるもので、次のようなものがあります。

→ 臨時的一般生活費の例

被服費	衣類や布団類の購入費用
家具什器費	炊事用具や食器類、冷暖房器具の購入費用
移送費	交通費や宿泊費など
入学準備金	小中学校等に入学する際の制服や鞄などの購入費用
就労活動促進費	早期の就労により保護脱却が可能と考える者への支援金
その他	家財保管料、家財処分料、除雪費など

被服費や家具什器費のように本来は経常的一般生活費であるものが含まれていますが、「保護開始時や長期入院・入所後の退院・退所時に衣類や食器がないとき」などの支給要件があるものもあり注意が必要です。

生活扶助は生活全般にわたる費用のため、特に経常的一般生活費について、被保護者に支給された生活保護費の使用用途は制限されません。そのため、使用用途が概ね定まっている他の扶助と比べるとわかりにくい部分があると思います。

ケースワーカーは他の扶助に該当しない被保護者の需要に対して、生活扶助、特に臨時的一般生活費として対応可能かということを常に意識する必要があります。

✓ 教育扶助

教育扶助は、**義務教育**に必要な教材などの学用品、給食費などの費用

です。

　月々の基準額や学級費、給食費相当分は学校に直接支給していることが多いので、被保護者は教育扶助を意識することは少ないのですが、学年が上がったときの教材代や校外活動に参加するときの費用など、生活扶助と同様に一時的に支給される場合があります。

　教育扶助はあくまで義務教育である小中学校に通学するための費用であり、高校生以上の学生への就学費用にあたる部分は生業扶助で対応します。

✔ 住宅扶助

　住宅扶助は、被保護者が居住する住居にかかる家賃や地代にあたる費用です。また、転居時に必要な費用や、住宅設備の修繕が必要な場合の住宅維持費も住宅扶助に含まれます。

　家賃や地代の上限は級地区分により基準額が定められており、1・2級地は13,000円以内、3級地は8,000円以内とされていますが（令和4年度現在）、多くの地域ではこの基準額で住居を借りることは難しいです。そのため、実際は都道府県、指定都市、中核市ごと、そして同一住居に住む被保護者の人数によって特別基準が設定されています。

　世帯員の転出、入院・死亡などの原因で世帯員が減るときや、所管外への世帯転出（移管）があるときは、住宅扶助の基準額がいくらになっているか特に注意が必要です。

✔ 医療扶助

　医療扶助は、病気やけがの治療のため医療機関等にかかるための費用で、基本的には保険診療にあたる医療費になります。柔道整復、あんま・マッサージ、はり・きゅうの施術にかかる療養費については医師の

同意があれば対象とすることができます（応急手当の脱臼、骨折については医師の同意は不要）。

　生活保護の適用になると被保護者は国民健康保険には加入できないため、医療券を交付し医療費全額を医療扶助で支給（医療機関への現物給付）します。しかし、被保護者が就労しており、他の医療保険に加入している場合は、その医療保険で賄えない自己負担分のみを医療扶助で支給します。

✓ 介護扶助

　介護扶助は、介護保険の給付対象となる介護保険サービスを利用するために必要な費用です。被保護者で65歳以上の方は無条件で被保険者（1号被保険者）となり、介護保険サービスを利用する際の自己負担額相当分（被保護者は1割）を介護扶助で支給（介護機関への現物給付）します。

　40〜64歳の方で医療保険に加入していない場合は介護保険の被保険者（2号被保険者）となることができません。しかし、要介護状態となった場合は、みなし2号（2号被保険者ではないが、2号被保険者と同等）として扱い、介護サービス利用料を全額介護扶助で支給します。

　なお、1号被保険者の介護保険料は、介護扶助ではなく生活扶助の加算として算定されるので、受給している年金から支払うか（特別徴収）、加算分を生活保護費として受け取って、別途納付書などで支払います（普通徴収）。

✓ 出産扶助

　出産扶助は分娩、出産にかかる費用です。

　子どもは病院や診療所で出産することが多いかと思いますが、出産や

それに伴う検査は病気やけがの治療とは異なるため、その費用について医療扶助を支給することができません。

出産扶助の基準額は30万9,000円、特別基準を設定しても35万5,000円であり（令和4年度基準）、病院や診療所ではこの基準で足りないことが多く、その場合は、児童福祉法第36条に定められた助産制度を利用して出産することになります。

被保護者が妊娠したときは、保健師と連携して、助産制度や出産・育児にかかる助成制度など利用できる生活保護以外の施策をしっかりとつかんでおきましょう。

✓ 生業扶助

生業扶助は、被保護者が仕事を行うにあたって必要な費用です。

被保護者自身が営む事業（自営業）に必要な経費を支給する「生業費」、仕事に就くための技能を得るために必要な経費を支給する「技能修得費」、実際に就職する際に必要なスーツなどの洋服、履き物などの購入費用として支給する「就職支度費」の3つがあります。

義務教育ではなく高校での就学は、このうちの「技能修得費」のひとつ、「高等学校等就学費」として支給されます。

生業費や技能修得費は、その世帯の生計の維持に役立つということが前提で、時には他の扶助と異なり、未来に得られる就労成果といった不確定な要素に対して支給されるものになります。そのため、生業扶助の支給にあたっては、被保護者に生業計画を作成させるなどして、どういう方向で生活保護からの自立を目指しているのかをケースワーカーがつかむ必要があります。

✓ 葬祭扶助

葬祭扶助は、葬儀を行うための費用です。遺体を火葬する直接的な経費だけではなく、葬式費用や死亡時に医師が作成する死亡診断書料も葬祭扶助として支給します。

葬祭扶助で気を付けないといけないのは、死亡した本人に支給されるのではなく、**死亡した人の葬儀を執り行う人に対して支給されるもの**だということです。

葬祭扶助を支給するときは、担当している被保護者が死亡して同一世帯の世帯員（夫や妻、子など）が葬儀を行ったり、単身世帯で葬儀を行う者がおらず職権で行ったりすることが多いので、あまり意識せず葬祭扶助を行っていることが多いかと思います。

しかし、生活保護を適用されていない、被保護者と離れて暮らす遺族（親族など）が葬儀を執り行うとなると、その人が生活保護を適用される状態にあるか（葬儀費用を捻出することができない状態か）を審査して支給するかどうかを判断しなければなりません。また、そのときの実施機関（葬祭扶助を行う福祉事務所）は、死亡した被保護者を保護していた福祉事務所ではなく、葬儀を行う遺族の居住地を所管する福祉事務所になることに注意が必要です。

あなたの普段の生活において必要な費用が常に一定ではないように、最低限度の生活に必要な額もその時々で異なります。被保護者が置かれている状況に応じて、どの扶助がどの程度必要なのか考えましょう。

生活保護費の理解があいまいなあなたへの処方箋

8つの扶助の内容を把握して、 必要なときに必要な扶助を支給する

4 | ケースワーカーが 最優先すべき3つの仕事

✓ 3つの仕事をまず理解しよう

　生活保護ケースワーカーの仕事は多岐にわたります。他の職場から異動してきた人は、1人のケースワーカーが担う業務の範囲が広いことに驚くかもしれません。また、被保護者への支援といった対人業務だけと思っていたら、意外と定型業務なども多く、戸惑うことでしょう。

　最終的にはあらゆる業務に対応できなければならないのですが、まずは、次の3つの仕事を優先して理解するようにしましょう。

✓ 「保護の決定」は時間が命

　生活に困窮する被保護世帯にとって、「保護の決定」は何よりも最優先事項です。公務員であるあなたはよくわかるかと思いますが、法律や条例に基づいた仕事は決定に時間がかかります。ケースワーカーは担当制なので現場で様々な判断を求められますが、生活保護を適用する（＝生活保護費を支給する）かどうかといった決定を、自身の財布からお金を出すようにその場で行うことはできません。

　一方で生活保護を申請する人の中には、今日の生活費にも困った状態で窓口を訪れる人もいます。そのような場合、保護を決定するまでの間、どうやって生活を繋ぐかといった代替手段を講じることが必要です。また、保護の決定までの期間をできる限り短くすること、かつ、手続きを正確に進めていくことで後々の対応が楽になります。

✓ 「相談・助言」はケースワーカー業務の肝

　ケースワーカーは被保護者から様々な相談を受けます。中には生活保護業務の範囲にとどまらず、人生相談のような質問を受けることもあります。

　そういった相談や質問に対して、生活保護から自立することに関係がない話だとして切り捨ててしまうのではなく、できる限り話を聞くようにしましょう。生活保護からの脱却、自立という大目標の前に、その被保護者にとっての「良い方向」を見つけて、その方向に沿って支援するという考えを持つことが大切です。そうすることが結果的に自立に繋がります。

✓ 「記録を書く」のは一貫した支援を行うため

　保護記録を正確かつ素早く残すことも大切です。

　ケースワーカーは多くの世帯を担当するので、生活保護（費）を決定するための事務作業が多く、そちらに忙殺されて、直接的に保護費や保護の決定に影響のない訪問記録や面接の記録が後回しになってしまう人も多く見られます。

　しかし、担当者が不在のとき、また、担当者が変更になったとき、被保護者にどういった支援がされてきたのかを知るためには、記録が残されていることがとても重要です。

仕事の優先がわからないあなたへの処方箋

最優先すべき3つの仕事とその意味を理解して取り組もう

5 | ケースワーカーの仕事①「保護の決定」

✓ 被保護者は何より早く保護を決定してほしい

　前項で説明した3つの最優先すべき仕事について、順番に説明します。

　特に大切なのは「生活保護費の支給」という「保護の決定」です。

　被保護者は様々な悩みを抱えていますが、やはり一番の困りごとはお金の問題です。困窮度合いはもちろん各々異なりますが、生活保護を適用する世帯はどの世帯も全て「健康で文化的な最低限度の生活」を下回った状態です。ですから、生活保護費を支給することで最低限度であっても生活が成り立つ状態にしないことには、被保護者は次のステップに進めません。

　毎月の生活保護費は機械的に算出されているかもしれませんが、保護の決定を正しく、素早く進めるためには、その仕組みをケースワーカーがしっかりと把握する必要があります。

✓ 毎月の生活保護費は、収入の把握が大切

　月々の生活保護費の算出についておさらいしておきましょう。

　被保護者が現金として受け取る生活保護費は、基本的には経常的に必要になる生活扶助、住宅扶助、教育扶助の基準額を足したものから、その月に世帯が受け取る収入額（一部控除額を除く）を引いた額になります。もしもこの収入額のほうが基準額よりも多い場合は、現金で支給さ

→ 1か月の扶助基準額と収入の関係

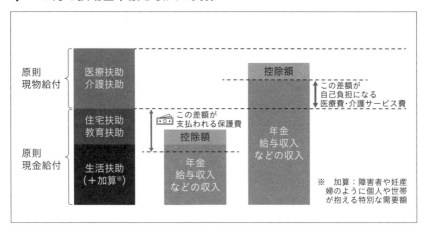

れる生活保護費はなく、その差額を介護扶助、医療扶助の自己負担金として扱います。もしもその自己負担額が介護扶助、医療扶助よりも多くなるくらいに収入があれば、最低限度の生活を自身の収入で賄えており、生活保護の停止や廃止を検討することになります。

　生活扶助、住宅扶助、教育扶助の基準額は、月が変わっても大きな変動はありません。ですから、生活保護費を算定するためには、その世帯の収入を正確に把握するのが大切です。

　世帯への収入は「変動があつたとき」に「その旨を届け出なければならない」（法第61条）とされています。そのため、被保護者には世帯の収入を「収入申告書」などで、原則毎月（収入がない場合などは数か月に1回まとめてということもあります）提出していただきます。収入の種別によって、年金や仕送りのように全額を収入として認定することもあれば、就労収入やその他の収入のように、控除額が定められているものもあります。その場合、控除額を引いた額をその世帯の収入額として取り扱います。

　収入額の違いにより支給する生活保護費が異なってくるので、この控除額がいくらになるのかは正しく把握しておく必要があります。

控除額を誤って算定すると、収入認定額が変わるので支給する生活保護費も誤ったものになります。慌てて誤った収入認定を行わないように注意しましょう。

→ 主な控除の種別

実額を控除するもの	必要経費（収入を得るために必要とした交通費や事務経費など）［次］8-3-（1）-ア・イ
控除の割合や段階が定められているもの	農業収入　［局］8-1-（2） 農業以外の事業（自営）収入　［局］8-1-（3） 基礎控除　［局］8-3-（1）
控除額が定額のもの	不安定な就労収入　［次］8-3-（1）-エ その他の収入　［次］8-3-（2）-エ 新規就労控除　［局］8-3-（2） 20歳未満控除　［局］8-3-（3）

✓ 臨時の生活保護費の支給は、条件を正しく把握する

　毎月支給する生活保護費と異なり、特定の時期に必要となる費用、突発的に必要となった費用を生活保護費として支給することがあります。

　例えば、世帯員に小学生がいる場合、新年度になって学年が上がったときに、新しい教科書が必要になりますが、こういった特定の時期（この場合は教科書を購入する3月や4月）だけに必要となる費用を一時扶助（臨時で生活保護費を支給）します。

　こういった臨時の生活保護費を支給する際には、慌てることなく支給できる条件をきちんと確認することが大切です。

　被保護者から「冬物の服がないので買いたいが、生活保護費は支給されるか？」と聞かれたとき、臨時的一般生活費の中に「被服費」があるのを知っていたら「支給できるかも？」と思ってしまうかもしれません。しかし、「被服費」は保護の開始時や、長期の入院・入所後の退院時、ＤＶなどから逃げるときなど新たに居を構えるときに着る服がない場合

に認める（[局] 7 - 2 - （5））ものです。この相談のような場合は、毎月の生活保護費（生活扶助）から捻出すべきということになります。

　このように、臨時の生活保護費の支給は、一定の条件下で認められているものがほとんどです。被保護者から相談があった場合、最初のうちは、「一度調べてみますね」と伝えて、その場は収めて、必ず正しい支給条件を確認する癖をつけましょう。

✓ 判断する、決定するときに忘れてはいけないこと

　生活保護費の支給以外にも、文書による指導を行ったり、被保護者の援助方針を定めたりといった「保護の決定」があります。

　こういった保護の決定にあたり、事務処理を行ったり、実際の被保護者と接して判断したりするのは担当ケースワーカーですが、忘れてはいけないのは**組織（福祉事務所）として保護を決定する**ということです。

　仕事に慣れてくると、パッと判断してその場で色々な相談ごとに答えられるようになります。その場合でも、保護の決定までの手順を意識して、根拠が曖昧なままで決定していないか、自身の思い込みで誤った判断をしていないか気を付けましょう。

> **保護の決定が遅れがちのあなたへの処方箋**
> **被保護者にとって生活保護費の支給は最優先事項。**
> **正しく、素早く判断できるようになろう**

6 | ケースワーカーの仕事②「相談と助言」

✓ 「沿道のサポーター」としての距離感を大切にする

　被保護者の相談に対して助言・指導を行う立場のケースワーカーにとって大切なのは、被保護者との距離感です。

　私はその距離感を「沿道のサポーター」と説明しています。

　指導・助言を行うのが仕事となると、どうしても学校の先生やスポーツのコーチのようなイメージを持ってしまいがちかもしれませんが、その距離感は多くの場合、被保護者には少し近すぎて、時には高い位置から見下ろされているように感じられてしまいます。

　被保護者の置かれた状況は、担当ケースワーカーであっても完全には理解できません。もしも、被保護者が自分の力で、置かれた状況から脱したい、良くしていきたいと走り始めたら、「そのフォームは間違っている、もっとこちらに行くべきだ」と助言するよりも、沿道から「頑張れ〜」と励ましたり、楽しそうだったり平坦そうな道を知っていたら「こういう道もあるよ」と伝えたりするくらいの位置でサポートしたいものです。

✓ 相談を受けるときは感情をフラットにする

　被保護者からの相談を受けるときには、可能な限り感情をフラットにして聞きましょう。

　感情をフラットにするというのは、ケースワーカーの「普通」を表に

出さないということです。被保護者の相談の中には、ケースワーカー自身の「普通」に照らし合わせたときに相容れない価値観や行動が現れることがあります。そんなときでも「そうなんですね」「なるほど」といった相づちをうちながら、相手の言葉の内容と、そして言葉以上に本心に現れる姿勢や表情を観察するようにしましょう。

　相談ごとを聞いているとき、解決したいという気持ちから、メモを取ることに集中してしまう人もいるでしょう。気持ちはわかるのですが、被保護者が聞いてもらえていると感じるようにすること、そして、被保護者の様子をよく観察し、どういう考えを持っているのか、どういう感情になっているのかをケースワーカーが感じ取ることのほうがより重要です。

✓ できる限り自走できるよう助言はほどほどに

　相談事を聞いて、制度の中で解決できることはなるべく早く対応しますが、気を付けたいのはケースワーカーが手取り足取り面倒を見ないということです。

　法第27条は被保護者への指導について「被保護者の自由を尊重し、必要の最少限度に止めなければならない」としています。相談事への解決策やそのヒントがあっても、それを唯一のものとせず、被保護者には「こういう方法があるんじゃないかな」と提案することを基本に考えましょう。ケースワーカーは、被保護者が自らの足で走れるようにするためのサポートに終始したいものです。

> **助言者の役割がわからないあなたへの処方箋**
>
> ## 「沿道のサポーター」の距離感で、
> ## 自らの足で走れるよう見守る

7 | ケースワーカーの仕事③ 「記録を残す」

✓ 記録はできる限り早く書く

　家庭訪問や被保護者との面接、保護の決定などを記録に残すのが、ケースワーカーの大切な仕事の3つ目です。

　ケースワーカーの中には、短時間での記録の作成が苦手な人が多いのか、時間外に保護記録を作成したり、翌日以降に先延ばしにしたりする人もいるようです。

　ですが、保護記録を書くのはできる限り当日中にこなしていただきたいと思います。その理由は2つあります。

①記憶が希薄になる

　メモに残していても、家庭訪問で見たことや、面接して聞いたことは時間が経てば経つほど薄れ、記録に残すことは難しくなります。ケースワーカーとして何を感じて、何を考えたのかというメモにも書かないことであればなおさらです。

②被保護者の今は担当のあなたしか知らない

　生活保護では担当制を取っているので、その被保護者が今どういう状態で、どういう支援をしているのかは、基本的には担当者であるあなたにしかわかりません。担当者の不在時に急な対応が必要になったとき、記録があれば対応が少し容易になります。

　記録の作成を先延ばしにすると、結果的に自身の仕事を難しくしてしまいます。家庭訪問、面接や様々な事務処理がありますが、記録は優先して書くようにしましょう。

✔ 生活保護記録はあなたと皆のためのもの

　生活保護記録は誰のために書くものでしょうか？

　もちろん、対象である被保護者のためのものであることは間違いありません。被保護者の生活再建は、生活保護を適用しても容易ではなく、多くの場合、その保護適用期間は長期に及びます。担当ケースワーカーが変更になることもあれば、被保護者自身が引っ越すこともあります。

　保護記録はそういった長期間に及ぶ被保護者へのサポート内容を残しておくためだけではなく、担当ケースワーカーや所管する福祉事務所が変わったとしても、一貫した方針を継続するための最強のツールです。

　新しい担当を受け持つことになったとき、その被保護者を知るためにまず保護記録を読むことをおすすめします。少なくとも保護を開始した当初、そして前任の書いた直近1年ほどの記録を読むことで、生活保護を受けた理由、そしてその世帯の今の課題をつかむことができます。

　そういった意味で、保護記録は被保護者だけのものというわけではなく、あなたや、後に続くケースワーカーのためのものともいえるでしょう。

　そのためには、正確な記録が大切です。詳しくはCHAPTER 6を見てください。

　ケースワーカーは担当者1人が背負うことの多い仕事ですが、記録を残すことで、その仕事は確実に引き継がれていきます。周りにいる同僚だけでなく、過去や未来のケースワーカーともチームなのだと考え、記録を残しましょう。

記録の意味があいまいなあなたへの処方箋

**記録を残すのは被保護者のためだけではなく、
あなたや未来の担当ケースワーカーのため**

2 ＳＶの仕事って何？

　CHAPTER 2 では、ケースワーカーの３つの仕事を書きましたが、じゃあＳＶの仕事はというと、「ケースワーカーがスムーズに仕事できるようにすること」の一点だと思います。

　ケースワーカー経験があるＳＶだと、家庭訪問の頻度、保護記録の内容、窓口での被保護者への対応と「自分ならこうするのになぁ」と思うこともあるでしょう。それでも、できる限り口出しせず、まずはケースワーカーに様々な経験を積ませてあげてほしいと思います。

　私がケースワーカーだった時に出会ったＡセンター長がまさにそれが得意なタイプでした。電話で被保護者との会話が長引いていると、センター長は柔らかな笑みを浮かべながら、こちらを見て「僕の出番はまだ？」と合図をしたり、窓口で怒声混じりの来庁者に対応しているといつの間にかすっと私の後ろに立っていたりします。対応後に報告にいくと、「あぁ、○○さんか」と、相談に応じてくれました。

　もちろん、直接、家庭訪問や助言、指導をするケースワーカーと違って、センター長が全ての事情を把握していたわけではないでしょうが、決裁時に私の書いた保護記録をしっかりと読んでいたのでしょう。

　ケースワーカーの動向に気を配り、口頭での報告や保護記録には目を通す。そして、面接への同席や家庭訪問での同行など、相談があればすぐに飛び出せる準備をしておく。簡単そうに見えるけれど結構大変だと思います。「自分なら」ではなく、「そのケースワーカーが」を実践できるといいですね。「沿道のサポーター」であるケースワーカーを応援するＳＶというのも楽しいですよ。

> **ひとくちmemo**
> ケースワーカーの仕事に興味を持ち、求められたら飛び出す

CHAPTER 3

難しさも乗り越えられる！
「助言・指導」の
しかた

1 | 専門知識や技能が少なくても悩まない

✔ 悩んでも解決しないことは悩まない

　ケースワーカーとして仕事をしていると、色々なところでつまずきます。特に事務職で、福祉全般に関して専門的な予備知識を持っていないと、はじめは至るところで頭を抱えてしまうかと思います。

　保護の決定の手順など、マニュアル化されていて何をすればよいのかがわかるものはまだしも、被保護者から相談を受けたときの助言や指導、突発的に起こる事態への対応は、もっと専門的な知識や技術があればうまくやれる（やれた）かもと思うかもしれません。しかし、大学等で社会福祉を学んで、専門職としてケースワーカーになった方も、学んできたことと現場のギャップに悩むことがあります。

　知識も経験もない以上、悩んでも答えが出ないことがたくさんあります。ならば、「悩んでも解決しないから悩まない」と考えて、どうすれば解決策やそのヒントにたどり着けるか考えたり、周りに協力を求めたりするほうがよいでしょう。

✔ ケースワークは個人競技ではなくチーム競技

　担当制なので、ケースワーカーは自身が担当する被保護者・被保護世帯の困りごとをついつい抱え込みがちです。しかし、担当者がひとりでそれを抱え込んでもあまりよい結果を生みません。

　ケースワークはケースワーカー自身が走るものではありません。走っ

ているのは被保護者で、ケースワーカーは「沿道のサポーター」のひとりとして、周りにいる他のサポーターとともに被保護者を支援します。皆で被保護者をゴールさせるチーム競技としてケースワーカーの仕事を位置づけましょう。

　目の前で起きている出来事についてその場で考え、チームで協力して解決策（の一端）を見つけ助言していくことが専らの仕事です。「場当たり的」のように感じることもあるかもしれませんが、「むしろ現場実践で対応力を付けているんだ」と前向きに考えましょう。

✓ 専門的な知識や技能は興味を持ったところから

　そうは言っても、専門的な知識がなければわからないこともあるでしょう。必要なときはその都度生活保護手帳で確認します。さらに今後必要になるだろう知識を身に付けたいときは、興味を持ったときに興味を持ったところをまずはちょっとだけかじってみるとよいかと思います。

　例えば、担当する被保護者の診療報酬明細（レセプト）を見て、そこに書かれている医薬品の効能や副作用をネットで調べてみたり、面接時に話が弾まないという方はコミュニケーションについて書かれた本を読んでみたりするのもよいでしょう。

　興味を持つことが物事を学ぶための最高の燃料です。興味を持って学んだことはいざというときでもきっと役に立ちます。あなたの学びがチームに活きることを意識して、慌てず学んでいきましょう。

知識や経験のなさに悩むあなたへの処方箋

**知識や技能を持っていないことに悩まず、
興味を持ったところから学んでいけばよい**

2 | 専門職との関わりを深め、支援の手を増やす

✓ 具体性を持って助けを求めよう

　ケースワークはチーム競技とはいえ、経験の少ないケースワーカーが被保護者の支援の中心的な存在になってしまうことは多々あります。専門知識が足りなくても被保護者を支援するには、自身でできることと庁内の他の担当や専門機関に任せたほうがよいことを判別して、積極的に繋いでいくコーディネートの力を付ける必要があります。

　とは言っても、それぞれの場所になんとなく被保護者を連れて行く、もしくは、行くように指示するだけではうまく連携はとれません。具体性を持って助けを求めるために、ここでは、ケースワーカーが接する機会の多いであろう専門職について説明します。

✓ 職種別、最初の関わり方

医師、施術者

　被保護者の治療を行う医師、施術を行う柔道整復師、あん摩マッサージ指圧師、はり・きゅう師は、医療要否（施術要否）意見書などを通じて、病状や身体状況を確認します。ケースワーカーは時には文書で照会したり、直接訪問（被保護者との同行も含む）したりすることでより具体的な情報を得ることができます。

　被保護者の稼働能力を尋ねることも多くあります。その場合は「仕事ができるか」と抽象的に聞くのではなく、「こういった仕事に就きたい

と言っているが（病状などから）注意すべきことや難しいことは何か？」のように尋ね、あくまでも医療や施術の範囲から逸脱しないようにすることが大切です。

医療（メディカル）ソーシャルワーカー（MSW）

医療機関で働く福祉の専門職です。社会福祉士や精神保健福祉士の資格を持つ方も多く、総合病院などでは「医療福祉相談室」「地域連携室」といった名称の部署で働いています。

入院、通院している方の相談ごとに広く対応しており、ケースワーカーとは特に入退院、転院時に関わることが多くなります。被保護者の通院、入退院、また退院後の支援についてお互いに協力できるよう、病院への連絡はここを窓口にして関係を繋ぎましょう。

ケアマネジャー（介護支援専門員）

介護を必要としている人に対して、介護保険サービスが受けられるようにケアプラン（サービス計画書）の作成やサービス事業者との調整を行います。

被保護者が要介護状態の場合、居宅生活を続けるときの困難の度合いやその介護保険サービスでのサポートの全体像を把握しているのはケアマネジャーです。介護保険事業者との調整や実際のサービス提供など、ケースワーカーが直接手伝うことができないことを相談します。

また、高齢者の総合的な支援を行う地域包括支援センターには、主任ケアマネジャー（主任介護支援相談員）が配置されています。主任ケアマネジャーは地域包括ケアシステム（医療・介護・予防・住まい・生活支援が包括的に確保される体制）の構築のための役割を持っています。ケースワーカーを含むそれらの関係者を集めて地域ケア会議を開催し、それぞれの立場からの意見をまとめるなど、高齢者の支援の中心的な存在です。高齢の被保護者はケースワーカーだけ、ケアマネジャーだけで支援にあたるのではなく、その他の職種との協力を深めましょう。

介護士、訪問介護員（ヘルパー）

　介護サービスの中でも訪問介護に従事する介護士は、サービスを利用する方と関係が近いことが多く、ケースワーカーが知らない被保護者の姿を見ていることがあります。訪問介護員から被保護者のプライベートな情報を直接聞き取るようなことは個人情報の観点からも難しいでしょう。しかし、ケースワーカーよりも近くで接することが多く、生活習慣や日頃のちょっとした変化があれば情報を共有していただけるように依頼しておくだけでも緩やかな連携が可能です。

保健師

　保健所は地域保健法に基づき都道府県、政令指定都市、中核市、その他指定された市、特別区に設置され、福祉事務所とは設置主体が異なります。そのため、保健師と身近に接する機会のないケースワーカーもいるかと思います。

　保健所で働く保健師は住民の一般的な健康相談だけでなく、難病や精神保健福祉にかかる相談や助言、乳幼児健診や子育て支援、感染症発生時の対応など幅広く保健にかかる分野をカバーしています。

　ですから、妊産婦や乳幼児、精神疾患や難病を抱えた被保護者を保健師に繋ぐ機会は確実に訪れます。

　特にひとり親世帯で乳幼児の子どもを持つ被保護者の場合などは、健康面で不安定なときに支える人が少なく、親子共々をサポートする存在が必要です。担当地域の保健師と顔を繋いでおいて、被保護者からの相談があれば保健師に繋げることができるようにしておきましょう。

児童福祉司、児童心理司

　児童相談所、通称「児相」は、児童福祉法に基づき設置されている「（18歳未満の）子どもに関する専門機関」です。そこで働く児童福祉司は児童や家族を指導・援助する専門職員で、時には「（児童相談所の）ケースワーカー」と呼ばれます。児童心理司も同じく児童相談所で働く専門職員ですが、診断面接、心理検査などで心理診断を行い、心理面でサ

ポートします。保健所同様、福祉事務所とは設置主体が異なり、こちらも直接接する機会が少ないところもあるでしょう。

児童相談所は親、子どもだけではなく、その子どもに関わっている人であれば誰でも相談ができますので、子育てに問題を抱えている世帯などについては積極的に情報交換をしたいですね。

特に、児童虐待の恐れがあるケースがあれば、速やかにその地域を担当する児童福祉司に連絡をとりましょう。児童相談所が子どもを一時保護する場合、親が精神的に不安定になったり、児童相談所との関係が悪くなったりすることが考えられるので、密接に連絡を取りましょう。

✓ ケースワークは他の専門職も含んだチームで行う

この他にも、例えば債務整理を行うために弁護士や司法書士に相談したり、地域と役所を繋ぐ民生委員の方の協力を仰いだりと、庁内でも戸籍や障害、保険、年金など様々な部署で働いている職員に助けを求めることがあります。

生活保護の現場以外で、被保護者と接し、それぞれの立場で関わっている専門職の方々は、あなたとは違った知識や経験を持って被保護者をサポートしています。被保護者から色々な相談を受けたり、ケースワーカーが被保護者の課題を発見したりした場合、自分だけでその問題を解決しようとするのではなく、ぜひ、こういった専門職の方々の力を借りて、福祉事務所だけでない大きなチームでケースワークを進めていってほしいと思います。

> **知識や経験の少なさに悩むあなたへの処方箋**
> ## 被保護者に関わる人を増やし、それをケースワーカーが繋いでいく

3 | 援助方針は、的の中心を意識する

✓ 「○○指導」は援助方針じゃない

　生活保護の開始時、または年度ごとに、担当する被保護世帯に対して援助方針を立てることになっていますが、あなたはどういった形で援助方針を決めていますか？

　生活保護の実施要領では、要保護者の生活状況を踏まえて、自立に向けた課題を分析して、具体的な援助方針を策定することとされています（[局] 12-4-（1））。前任者から担当を引き継いだ方や、年度替わりに従前の援助方針をそのまま継続している方は、一度担当している被保護世帯の援助方針を見直していただきたいと思います。

　援助方針を立てるときに重要なのは、援助方針は被保護者の「目標」、弓道でいうところの「的」である、ということです。「就労指導」「療養指導」という言葉が援助方針と思っている人も多いかもしれませんが、「就労指導」「療養指導」という言葉は、その被保護者を支援する「方向」を示すものであって、射るべき「的」ではありません。

　例えば、一口に「就労指導」という援助方針を立てていても、高校を卒業したばかりの18歳とリストラにあった50代の被保護者では、どういった仕事を探して、どうやって自立を目指すのかの道筋は全く異なります。

　「就労指導」「療養指導」という援助方針（方向）に具体的な目標（的）がなければ、被保護者はなぜその方向を向いているのか、何をすればよいのかわかりません。

そのため、「的」（具体的な目標）を見ていない被保護者に「とにかく頑張れ」というようなアドバイスを送っても被保護者は動き出すことはできません。ケースワーカーが意図を持って支援するための援助方針の立て方を学びましょう。

→ 援助方針のイメージ

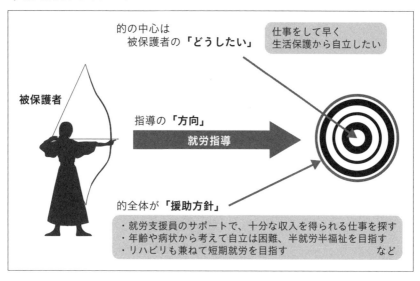

的の中心は
被保護者の「どうしたい」

仕事をして早く
生活保護から自立したい

被保護者

指導の「方向」
就労指導

的全体が「援助方針」

・就労支援員のサポートで、十分な収入を得られる仕事を探す
・年齢や病状から考えて自立は困難、半就労半福祉を目指す
・リハビリも兼ねて短期就労を目指す　　　　　　　　など

✓ 援助方針は「○○指導」の前後にこそある

　保護記録に「○○指導」といった言葉で援助方針を書いても構いません。ですが、「○○指導」という方向の先にある的がどういうもので、被保護者が狙う的の中心がどこにあるのかは、「○○指導」の前後に付く具体的な目標・行動であるはずです。援助方針はこの前後に付くものを意識して、実態の伴ったものになるようにしましょう。

　では、まず被保護者が射るべき具体的な目標「的」を置いてみましょう。

　保護記録を読んだり、医療機関からの医療要否意見書を確認してみた

り、その被保護世帯の課題を元にケースワーカーが理想とすべき状態の的を用意するというのはちょっと違います。

ここで大切なのが、「あなたはどうしたい？」という問いです。私は被保護者に接する最初の機会に、言葉を変えながら「あなたは（生活保護を受けて）これからどうしたい？」と尋ねることにしています。

ケースワーカーにとって、生活保護で目指すべきゴールは、「最低限度の生活を保障するとともに、その自立を助長すること」（法第1条）ですが、これは方向どころか的を射るための競技の「会場」です。被保護者には（たとえ意識していないとしても）それぞれ狙いをつけている「的」があるので、その的を意識してケースワークします。

残念なことに被保護者が向いている方向が生活保護の趣旨から外れていることも往々にしてありますが、その場合は「生活保護のしおり」などを使って生活保護制度を理解していただき、何を目標に生活保護を受けるか（的は何か）を伝えるところからのスタートになります。

✓ 的は大きくても小さくても問題ない

そして置く的（目標）の大きさは、最初は意識しなくてよいでしょう。被保護者それぞれの能力、生活習慣、性格……色々な要素が絡むので、ベストの的を最初から用意するのは難しいと思います。

置いた的が大きすぎる（目的が簡単すぎる）と思っても、的を置くことができれば最初の「援助方針」が整うのですから、大切な一歩です。まずはそれで大丈夫です。

✓ 的の中心は狙わなくてよいけれど意識はする

次に実際に的を狙う、つまり目的に向けて助言・指導を行うときに意識したいのは、最初から的の中心を狙わないということです。

的のど真ん中は、被保護者にとっての「これからどうしたい」の答えです。的の中心に当たることはケースワーカーにとっても大切な目標ですが、それを狙うのはあなたではなく被保護者であることを忘れてはいけません。被保護者は今、その中心を狙って命中させることができる状態にあるでしょうか？

　例えば、ある被保護者の「これからどうしたい」が「以前勤めていた業種の仕事について、生活保護から自立したい」だったとします。これが的の中心になるわけですが、被保護者の年齢、ケガや病気などの身体状況、その業種の雇用需要や賃金水準など、様々な要因からその目標を達成することはなかなか難しいなと感じることが多いと思います。

　そういったときに、それは無理だと思って他の目標を立てるように話したり、目標に近づくための方策を考えたりすることなく被保護者に全てを委ねてしまうのはケースワーカーが取るべき行動ではありません。

　ケースワーカーが取るべき行動は、被保護者が見据える的の中心を意識しつつ、的そのものを見ることです。その的こそが「援助方針」になります。上の例でいうと、就労支援員の力を借りて自立に向けたプランを立てることや短時間の就労からのスタートを考えてみるといったことです。的の中心から、具体的な行動、方針を組み立てていきましょう。

　被保護者は的全体を見ず、的の中心だけを見ていることが多いです。

　弓道でも的中の判定は「あたり」か「はずれ」で、的のどこにあたっても差はありません。ケースワーカーも、被保護者が狙う的の中心を意識しながら、「まぁ、的のどこかに当たれば十分」といった心持ちで、まずは的を射てみようかと助言できるようになりましょう。

援助方針の立て方に悩むあなたへの処方箋

**被保護者が見ている的の中心を意識しながら
「援助方針」という的を置く**

4 | 療養指導は、知ったかぶりをしない

✓ 病気を抱える被保護者への方針

　被保護者が抱える課題の中で、とりわけ多いのが病気に関わるものです。世帯が困窮する理由は様々ですが、持病が原因で働くことができない、仕事どころか普通に生活を送るのにも苦労してしまうといった状況の場合、その被保護者の将来の展望が描きにくいことは多々あります。

　こういった場合、抱える病気やその程度にもよりますが、医療費の軽減やQOL（クオリティ・オブ・ライフ、生活の質）の改善など、生活保護に至るまでの間で利用されていない社会保障制度や福祉施策を活用できるようにサポートします。

　その後、被保護者には病気の治療を目的に、主に通院やリハビリを助言・指導するという「療養指導」を行うことになります。

✓ 知っているつもりに注意

　「療養指導」としている被保護者の中には、加齢からくる衰えの問題があったり、障害のように容易に状況改善が難しいものもあったりしますが、65歳未満のいわゆる稼働年齢層で「療養指導」を援助方針の方向としている場合は、その後の就労や生活改善を見据えて助言・指導を行うことになります。その際、病名や症状に見知ったものがあったとしても、安易にその症状や治療についてコメントしたり、アドバイスをしたりするのは控えたほうがよいでしょう。

例えば、腰痛で整形外科に通院している被保護者に対して「腰痛だったら、私もそうだ」と自身の症状と重ねてみたり、「腰が痛いだけで働けないのはおかしい」と病名や症状から感じるイメージだけで被保護者の身体状態を決めつけてしまうのは問題です。特に慢性疾患は、ケースワーカー自身やその家族、親類など比較的近い周囲で同じ疾患を抱えている人が存在すると、ついその病気を「知ったつもり」になりがちです。型にはめて病状を判断して被保護者に助言・指導をすると、「この人は私の状態を理解しようとしていない」と反発を招くことになりかねません。

　症状や程度の判断は医師に任せて、ケースワーカーはそれを踏まえてなお「どうする？」を被保護者と一緒に考えましょう。

✓ 通院しない被保護者とは目的を共有する

　被保護者の中には、通院しない人もいます。

　生活保護を適用になる前から抱えている持病に対して、「前からこの状態で大したことがないから」「治療を受けても改善しないので」ということが主な理由です。法第27条により通院を指示することもできますが、この場合でも大切なのは「なぜ通院するのか」という目的を被保護者と共有することです。病院に行くのが目的ではありません。改めて、「仕事に就いて自立するために、まずケガを治療する」「病気を知って症状を和らげたり、普段の生活での注意点を知ったりするために通院する」などと目的を整理しましょう。

療養指導を考える皆さんへの処方箋

病気そのものを知ることよりも
治療の目的を被保護者と共有する

5 | 就労指導は、就職がゴールじゃない

✓ 仕事が決まればおしまいではない

「就労指導」のゴールは「就職が決まること」ではありません。

稼働年齢層とされる65歳未満の被保護者に対して、「就労指導」を援助方針に立てているケースは少なくないと思います。仕事に就いていない、就けていない被保護者に対して「就職を目標にしましょう」とする方針は援助の方向として正しくはあります。

助言・指導の結果、仕事が決まれば「就労指導」としては一段落。「後は毎月就労収入額を収入申告してもらって……」とケースワーカーが考えていると、「仕事を辞めた」と言われて「また最初からかぁ」とがっくりしたことはないでしょうか?

堪え性がないとか、やる気がないというのとはちょっと違います。これは「就労指導」の目的が「仕事に就く」こと自体になってしまっていて、自立することと結びついていないことに問題があると考えたほうがよいでしょう。特に問題なのが、被保護者だけでなくケースワーカーもそう捉えているケースです。「就労指導」は仕事に就くところをゴールとせず、その後の就労継続もセットとして考えましょう。

✓ 「働いたら負け」は本当?

SNSで「働いたら負け」という言葉を見かけます。収入に応じて生活保護費として受け取る金額が少なくなる。ということは、働いたほうが

損になるので積極的に働かないという考え方です。

生活保護は最低限度の生活を補填するものなので、収入があればその分、生活保護費の支給額は少なくなります。

例えば10万円の就労収入があったとき、基礎控除額（1人目）は23,600円（令和4年度基準）で、その控除額を除いた76,400円は収入として認定されます。その結果、生活保護費と10万円の就労収入を合わせても、被保護者がその月に得られる収入は控除額分の23,600円しか増えません。「10万円分働いたのに、23,600円しか収入が増えなかった」と損に感じるようです。

しかし、本当は増えているので損はないはずです。決してマイナスにならないことを正しく被保護者に説明しましょう。

✓ 必要なのは、仕事をすることの先にあるもの

「働いたら負け」は「生活保護を受け続ける」ことを得と感じているから出てくる言葉です。「働かなくても最低限度の生活費はもらえるのだから得」、そういう考えの被保護者にこそ「で、あなたはどうしたい？」という問いに戻って、被保護者にとっての的の中心を確認してほしいと思います。そして、それは最低限度の保障で満たされるものなのかを被保護者自身に認識させることから「就労指導」は始まります。

「就労指導」のゴールは「就職が決まること」でも、その後も「仕事を続ける」ことでもありません。その先にある、将来の目標や生活と仕事を結びつけて考えることができるようにすることです。

就労指導に難しさを感じるあなたへの処方箋

**仕事をさせることが就労指導ではない。
その先にあるものを見つけることが「就労指導」**

6 │ 助言・指導を聞かない・守らない人への対処法

> ### ✓ 義務を果たさない人にすべきは保護の廃止じゃない

被保護者の義務として、生活保護法ではこのように示されています。

> 「保護は、生活に困窮する者が、その利用し得る**資産、能力その他あらゆるものを、その最低限度の生活の維持のために活用する**ことを要件として行われる」（法第 4 条）
> 「被保護者は、常に、能力に応じて勤労に励み、自ら、健康の保持及び増進に努め、収入、支出その他生計の状況を適切に把握するとともに支出の節約を図り、その他**生活の維持向上に努めなければならない**」（法第60条）

被保護者への指導・指示は「被保護者の自由を尊重し、必要の最小限度に止めなければならない」（法第27条）とはいえ、被保護者がこういった義務を理解して実践していることが前提になります。

生活保護を受け続けることが目的になっている被保護者の中には、義務を置き去りに権利を主張し、ケースワーカーの指導・指示を聞かないことがあります。一方で、ケースワーカーもそういった被保護者に対して指導・指示を乱発し、時には不十分な経過で保護の停廃止を決定するまでに至ることもあります。

しかし、指導・指示の結果で生活保護を停廃止したところで、その被保護者の困窮状態は変わることはありません。生活保護を受けていない状態が続けば、改めて再申請してきたときには保護を廃止したときよりも生活状況は悪化していることが多いでしょう。最終的に「急迫した事

由がある場合に、必要な保護を行うことを妨げるものではない」（法第4条第3項）とされている限り、被保護者の生活状況の悪化は、担当するケースワーカーの負担を増やすだけの結果になりかねません。保護の停廃止を目的とした指導・指示は、可能な限り避ける方向で検討しましょう。

　ケースワーカーはどうしてもその場その場での対処を求められるため、瞬間的に被保護者に厳しい言葉をかけてしまい、「沿道のサポーター」の立場から離れてコーチングしてしまうことがあります。できる限り落ち着いて、全体を俯瞰して見られるようにしたいですね。

✓ 必要なのは制度についての相互理解

　では、こういった義務を果たさない被保護者にケースワーカーがすべきことは何でしょうか？　それは、生活保護がどういったものなのかを被保護者、ケースワーカーの双方が相互理解できるようにすることです。

　ケースワーカーにとって、生活保護上の義務を果たさず保護を受けることが目的になっている被保護者は、到底納得できるものではないでしょう。ですが、被保護者は生活保護が自身の困窮状態を救うことを求めて、生活保護の申請をしています。被保護者にとっては、義務よりも権利を優先したくなるのは当然のことと、ケースワーカーは捉えたほうがよいかもしれません。保護の申請時に「保護のしおり」などを使って、生活保護上の義務を説明することはやっていると思いますが、その時点では申請者の頭には生活保護上の義務について入っていないと考えましょう。

　そのうえで、ケースワーカーは家庭訪問や面接の機会など折に触れて生活保護上の義務を被保護者に伝えましょう。とはいっても、指導・指示に合わせて「生活保護上の義務を果たせ」と直接的に伝えても効果は

ほとんどありません。そこで大切になってくるのが、やはり「あなたはどうしたい？」という問いかけです。

　人から命令されて動くというのはあまり心地よいものではありません。ですが、被保護者自身が目指す目的、つまり、「どうしたい」の答えと、指導やそれに従う義務が結びつけば、被保護者も比較的理解しやすくなります。例えば、病気が理由で仕事を失い生活保護を受けている被保護者であれば、「病院へ通院すること」という指導も、それに従うことが「今の体の状態を知って、それに応じた仕事を探すためだ」とわかれば行動しやすくなるでしょう。

　生活保護上の義務を果たすことは、被保護者の意に反した命令などではないということを理解してもらえるようケースワーカーは被保護者の「どうしたい」を理解して説明しましょう。

✓ それでも守らない人への対処法

　さて、生活保護上の義務について十分に説明をしている、それでも守らない被保護者がいるのにどうにもできないのか？　というと、それは違います。ただ、助言・指導の手順を踏むことが大切です。

①保護申請時に説明する
　生活保護の申請を受け付ける際に「保護のしおり」などを使い、生活保護上の権利・義務を説明する。説明を受けたという署名を取る。
②被保護者の目的を聞き、援助方針を決める
　被保護者の「これからどうしたい」を聞き取り、そのために被保護者が「すべきこと」を明確化する。ケースワーカーはそのための援助方針を立てる。
③被保護者の行動を見守る
　②で押さえた被保護者の「すべきこと」についてどう行動するか、一

旦自由意志に任せて見守る。面接などの機会でその内容を聞き取り、記録する。

④口答指示（法第27条）

③の行動が行われていないときや不十分なとき、口頭で生活保護法第27条に基づく指示であることを明確にして、行動を促す。

⑤文書指示（法第27条）

それでも改善されない場合、ケース診断会議を開き、①〜④の経過も踏まえて福祉事務所として指示することを判断し、指導指示書を被保護者に交付する（できるだけ複数人対応かつ手渡しとする）。

⑥弁明の機会を与える（法第62条第4項）

④や⑤の指導・指示に従えない理由があればそれを聞き取り、②〜⑤のいずれかに戻って助言・指導を行う。

⑦保護の停廃止（法第62条第3項）

指導・指示に従えない理由がない場合、ケース診断会議を開き、福祉事務所として保護の停廃止を決定する。

この手順はケースワーカーもマニュアルなどで知っていると思います。しかし、②と③は助言・指導の手順として含まれていないことが多く、あまり重要視されていません。しかし、本当に大事なのは、②と③、そしてこの経過を**きちんと記録**することです。そうすることで、担当者が変わっても適切な指導・指示を引き継いでいくことができます。

助言・指導に困ったあなたへの処方箋

助言・指導は被保護者の「どうしたい」に結びつける。
指導の経過は必ず記録に残す

3 ケースワーカーへの助言は ソフトタッチで共感から

　CHAPTER 3 で紹介した「援助方針を立ててそれに沿って助言・指導する」ことは、ケースワーカーにとって負担の大きな仕事のひとつです。

　そんなケースワーカーに助言する立場のＳＶですが、ケースワーカーが被保護者の助言・指導で悩んでいたら、ソフトタッチで接してほしいと思います。うまくいっていないことはケースワーカー自身が一番わかっているので、励ますつもりで色々な方策を伝えたり、被保護者への助言内容に過度の口出しをするのは避けたいところです。

　援助方針どおりに被保護者に助言、指導を行ったとしても、結果がそのとおりにいくかというと、そうはならないことのほうが多いでしょう。責任感の強いケースワーカーほど悩むと思います。保護記録や窓口での応対で気になる被保護者を見つけたら、ケースワーカーに助言・指導がうまくいっていない理由を矢継ぎ早に尋ねるのではなく、まずはソフトに、「大変だったね」と労をねぎらってください。

　そして、その被保護者に対するケースワーカーの主観的な思いを尋ねるとよいでしょう。援助方針に基づいて助言・指導しているといっても、そこには「○○さんにこうなってほしい」などといった担当者の個性、思いがあります。それは、ケースワーカーが自身の規範にしているものですから大切にしたいものです。助言・指導で被保護者との折り合いどころを見つけるのは難しいです。そんなときはケースワーカーの個性や思いを活かした形で「沿道のサポーター」としての距離感をつかめるよう、「時には被保護者との距離を置くことも間違いじゃないよ」とも助言できるといいかと思います。

> **ひとくちmemo**
> ケースワーカーの思いを大切に、
> 労をねぎらう

苦手を克服できる！
「相談・面接」の
しかた

1 | 相談ごとを「解決する」より 大事なことがある

✓ 相談、面接は得意ですか？

　相談、面接が得意な人はいますか？　私は苦手でした。家庭訪問をするときや生活保護の申請相談に来る人と話をするときは、いつも心臓はバクバク、顔は強ばって、必要以上に体に力が入っていました。

　どうしてそんなことになるかというと、「うまく解決策を答えることができないのでは？」という不安が原因ではないでしょうか。

　他課の窓口業務で住民から相談を受けるときは、相談される内容が比較的明確で、対応方法も概ね決まっています。一方で被保護者からの相談は、何の相談か、どの分野の相談かが不明確なことが多く、時には生活保護制度外のあらゆる分野に及びます。そうなると、ケースワーカーにはちんぷんかんぷんのこともあります。

　多くのケースワーカーはそんな状況でも、「被保護者への助言・指導が自分の『仕事』だから」と、きちんと理解しないままに被保護者の問題を自分の問題と考えて最終的な解決策を探すことに奔走しがちです。しかし、やはりその状況で解決策を見つけることは難しく、「苦手」と感じてしまうのです。

✓ 解決するよりも解決に至る行動を知ることが大切

　相談・面接では「解決しなきゃ」という気持ちは一旦脇に置いておいて、相談ごとのポイントを整理して、同僚やＳＶに自身の言葉で説明・

相談できるくらいに理解することを目指しましょう。

　きちんと理解すると、同僚やＳＶに説明するときにも、被保護者の立場に立って相談することができます。また、そうするとケースワーカーができること、できないこともはっきりとしてくると同時に、被保護者がすべきことも整理でき、助言内容も明確になります。

　「解決する」というのは結果であって、そこにたどり着くまでの行動が必要です。相談者は「解決する」という結果のみを求めるかもしれませんが、全ての相談に解決策を用意するのがケースワーカーの仕事ではありません。沿道のサポーターの立場であるケースワーカーにとって必要なのは、**「解決する」ために誰が（どこが）どんな行動をしなければいけないのかを理解して、それを被保護者に伝えることです。**そして、解決に向けて被保護者が自走できるよう助言や指導も行います。

　「解決する」という結果ではなく、そこを目指すための行動に焦点をあてて相談に対応しましょう。

→ 「どう行動するか」のイメージ

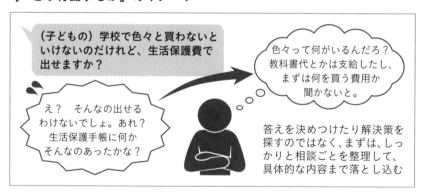

2 | 面接は正面に座る だけじゃない

✓ 面接技術はまず座る位置から

　面接や相談に関する技術や知識は、学べば非常に奥深いものです。しかし、普段の仕事や研修でもしっかりと学ぶ機会は少ないかもしれません。また、忙しくて技術を学ぶところまで手が回らない人もいると思います。

　そこで、初めてでも比較的真似をしやすい面接技術として、面接時の位置関係についてご紹介します。

✓ 正面はできる限り避ける

　窓口のカウンター越しと違って、個室で面接を行うとき、被保護者の真正面に座るのは避けたほうがよいでしょう。対角線上、椅子が自由に動かせる状態であれば正面と対角線上の間くらいの位置（右図A）に座ります。

　これには2つの意味があります。少しでも被保護者から距離をとることで、被保護者のパーソナルスペースを確保し安心感を高めること、そして被保護者の視線の逃げ先を確保してあげることです。

　個室内での面接は被保護者でなくても緊張します。真正面に座って必ず目が合うように座るのではなく、緩やかな対角線上に座ることで、被保護者が自然とケースワーカーとの視線を外しやすいようにします。ケースワーカーも資料を確認したり、メモを取って目線が外れたりして

いても「聞いていないな」という印象を被保護者に与えにくくなります。

SVが同席する場合も、被保護者の正面に座るのではなく90度から120度くらいの位置（右図B）をおすすめします。被保護者にはSVがあなたの味方であるということを示して安心してもらうことができ、意見

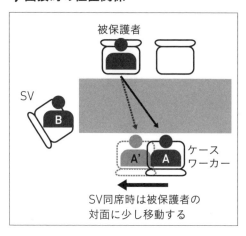

→ 面接時の位置関係

被保護者

SV

B

A'　A

ケースワーカー

SV同席時は被保護者の
対面に少し移動する

が対立したときにも、SVが双方の言葉を聞き、面接をコントロールすることができます。

このとき、SVとケースワーカーが離れすぎていると、被保護者の視線がウロウロとして集中できないこともあるので、ケースワーカーは被保護者の対面に近い位置（上図A'）に移動して調整します。

他にも被保護者との関係性や他の来庁者の有無にもよりますが、書類などを説明するときにカウンター越しに行うのではなく、来客ソファーに並んで座って隣から説明することで、親近感を生むこともあります。

実はこの座る位置によって相手に与える印象の違いは、心理学でも効果が実証されていて（スティンザー効果）、座る位置が正面だと「反対」、隣だと「味方」、斜めは「中立」の印象を与えるとされています。座る位置ひとつで質の良い面接につながります。ちょっと試してみませんか？

面接技術に悩むあなたへの処方箋

座る位置を変えるだけでも
より良い面接が行える

3 | 相談・面接に臨む ルーティンを作ろう

✓ まずは君が落ち着け

　相談、面接が苦手な人にとって、被保護者からの想定外の質問は避けたいところですが、生活保護現場は予想外の対応を迫られることが多く全てを回避するのは難しそうです。だからといって、ケースワーカーが自信なさげで落ち着かない様子で面接や相談に臨むと、その様子を見て被保護者も不安になってしまいます。

　相談・面接で不安を感じる方におすすめなのが、面接に入る前のルーティンを作ることです。

　苦手なことをするときに「深呼吸して落ち着いて」とアドバイスされることがあるかと思いますが、面接に入る前にあらかじめ決まった動きをすることで集中力が高まり、感情の波を少しだけ穏やかにすることができます。元メジャーリーガーのイチロー選手は、打席に入るとき独特の動作を行うことで、いつも通りのバッティングができるよう心身の状態を整えていました。

　また、ルーティンを行うことで、その前にしていた仕事や、感情のスイッチを切り替える効果も望めます。私は肩や首のストレッチをルーティンにすることで必要以上に緊張せずに、想定外の質問にも「まず話を聞く」という形を取れました。

　相談・面接の場に臨む前に、「まずは君が落ち着け」と自分に言い聞かせながらルーティンをやってみましょう。

✓ ノートと付箋の使い分けで準備する

　面接時にメモやノートを準備すると思いますが、いつ被保護者が来所してもよいようにもう1つ準備しておくと、さらに落ち着いて面接に臨むことができます。それは、その被保護者に尋ねたいこと、気になっていることなどを普段から付箋紙に書いておくことです。面接時のメモや仕事での備忘録などを1冊のノートにまとめて取っている人もいますが、後から見返すのが難しいのが難点です。

　そこで、ノートとは別に被保護者に尋ねたいことや気付いたことを、付箋紙に書いて、保護記録の表紙裏やケース台帳に貼っておく方法をおすすめします。記入内容は申告書類の提出漏れのような保護の変更に関わるものだけでなく、面接時の会話の糸口になるようなちょっとしたことでも構いません。

　この付箋を面接に入るときに普段使っているノートに貼り替えれば、尋ね漏れを防ぐことができます。ただ、必ずしも付箋に書いたことを聞く必要はありません。ノートに付箋紙を貼り替えるこの動作が面接に入る前のルーティンとして、準備ができていると思える効果もあります。

→ 付箋の記入例

> 猫飼ってる
> □ えさ代どうしてる？
> □ 何かいいことある？
> いつも14-15ごろ家にいない
> □ 日中どこにいる？
>
> □ 8月分収入　未

面接に入る前に緊張するあなたへの処方箋

自分だけのルーティンを作って、落ち着いて面接に臨もう

4 | 緊張しない、させない
話し方

✓ くだけた話し方だから緊張させないわけじゃない

　生活保護の窓口を初めて訪れる方は一様に緊張しています。生活状況に難しさを抱えて相談に来るわけですから、緊張をほぐすような話し方ができればよいのですが、どうしたらよいでしょうか。

　役所の窓口は、申請や許諾、問い合わせといった対応の機会が多く、また、それが法律、条例、要綱要領などで定められた業務のため、どうしても説明が中心となり堅い印象を与えがちです。

　そういったときに、くだけた話し方をすれば相手は緊張しないで話せるかというと実はそうでもなく、むしろ「子どもに話すような話し方をするな」と怒られたり、「この人に話して大丈夫なのか?」と思われてしまったりすることがあります。販売店や飲食店で耳にするようなフレンドリーな話し方をそのまま持ち込むのは、控えたほうがよさそうです。

　しかし、生活保護の現場では単に制度を説明するだけではなく、それに加えて助言することもあるので、相手の緊張を和らげスムーズに相談業務を行えるようにしたいものです。そのため、生活保護現場でも通じる「くだけた話し方」を考える必要があります。

　不正受給の対応時に「○○さん、ダメだよ〜」と笑みを浮かべながらくだけた口調で話していた女性の先輩ケースワーカーもいましたが、私が同じ話し方をしても、相手は言葉どおりに受け取らずかえって「何かあるのでは」と警戒してしまうかもしれません。安易に真似をしないほうが無難です。生活保護現場で使える「くだけた話し方」を定義するの

は難しいのですが、誰でも意識できるポイントがあります。それは「丁寧語を意識して使う」ということです。

✓ 尊敬語・謙譲語ではなく丁寧語を使おう

「窓口では丁寧な言葉を」と言われることがあると思いますが、丁寧語ではなく尊敬語・謙譲語を使っている方が多いように思えます。

「この書類に**お書きになってください**」「代わりに**書かせていただきます**」くらいはまだよいのですが、「**申し訳ございませんが、お名前をお書きいただけますでしょうか**」などとなると、相談者も身構えてしまいます。「名前をお書きください」くらいで十分です。他にも窓口でよく使うフレーズの例をp76にまとめましたので、参考にしてみてください。

尊敬語・謙譲語がダメだというのではありません。です・ます調の丁寧語をベースに過剰な尊敬語・謙譲語を使わないように意識することで、双方が余計なところに気を取られることなく、会話に集中することができます。

生活保護の現場においてケースワーカーは「沿道のサポーター」です。先生やコーチではないので被保護者との関係に上下はなく、また「お客様は神様」とばかりに相談者を持ち上げるのも違います。

「くだけた話し方」を考えることは大切ですが、まずはどうすればフラットに話しやすい、相談しやすい環境を作ることができるのかということを念頭に置くのを忘れないようにしましょう。その先に、自分らしい言葉遣い、「くだけた話し方」があるはずです。

ちょうどいい話し方がわからないあなたへの処方箋

尊敬語・謙譲語よりも丁寧語を意識する

5 | 面接をうまく進める 質問のしかた

✓ 話を続けるための質問をしよう

　被保護者は話好きの人ばかりではありません。話好きでもケースワーカーを相手に話が弾むという人はそれほど多くはないでしょう。

　しかし、被保護者の生活状況をつかんで援助方針に反映するため、ケースワーカーには誰とでも一定の話を引き出す質問力が求められます。

　家庭訪問の際、その場で質問を考えるのが難しい方は、あらかじめ質問を箇条書きで用意して、それをメモした順に上から尋ねていくというやり方を取ると思います。このとき質問するのは楽かもしれませんが、聞きたかったことをうまく聞き出せないと悩む人も多いことでしょう。そんなあなたは、クローズドクエスチョンとオープンクエスチョンの使い分けを意識してみてください。

　クローズドクエスチョンとは答えが「はい」か「いいえ」のように限定される質問です。例えば、「この1か月で病院に行きましたか?」といった質問がこれに当たります。

　オープンクエスチョンはその逆で、答えが限定されていない、質問された人が自由に答えられる質問です。例えば「その病気について何か先生に言われたことやあなたが困っていることはありませんか?」といった感じで、具体的な情報を引き出すことができます。

　クローズドクエスチョンを繰り返すと、詰問されているかのような印象を与えるのでよくありません。では、オープンクエスチョンを続ければよいかというとそれも違います。大切なのは質問のバランスです。

✓ クローズド２回、オープン１回からやってみよう

　オープンクエスチョンは回答する側の負担の大きな質問です。例えば、「最近どうですか？」と聞かれても、答えるのが難しいでしょう。

　そこで、例えば家庭訪問であれば、援助方針に沿った形で「クローズド、クローズド、オープン」の１セットで質問するところから始めてみるとよいと思います。

　病気を抱えている被保護者に通院状況や治療状況を尋ねる質問だと、「今月は通院しましたか？」「治療や薬に変更はありましたか？」という感じです。２つの回答がどちらも「はい」ならば、「どんなふうに治療が変わったんですか？」といったオープンクエスチョンで詳しく聞き取ります。２つめの質問が「いいえ」だったら、「では、何か普段の生活でその病気で困ったことはありませんか？」といった質問に変わります。

　１つめの質問はどちらかというと、「はい」と答えるだろうなという想定のもと、話の方向をコントロールする質問です。これが「いいえ」だった場合は、援助方針と質問が合っていないということになるので、「あれ？　どうかしましたか？」と焦点を絞らないオープンクエスチョンで、被保護者の現状をゆっくりと聞くのがよいでしょう。

　クローズドクエスチョンで質問の方向を整え、オープンクエスチョンで質問を具体化する方法で緩急をつけながら質問を進めましょう。p77にオープン・クローズドクエスチョンで会話を広げる例を挙げました。現場のケースに応用して活用してみてください。

質問が苦手なあなたへの処方箋

クローズド×２、オープン×１で
バランスよく質問を投げかける

■4-4　過剰な尊敬語・謙譲語を使わない置き換え例

置き換え前	置き換え例
お名前をお書きになってください	名前をお書きください
拝聴します	聞きます
お願いいたします	お願いします
ご自宅に伺います	（お宅に）参ります
どう考えておられますか	どう考えますか
（書類などを）頂戴します	受け取ります
お読みになってください	読んでください
ご理解いただけましたか	わかりましたか・わかりますか
ご覧になられましたか	見ましたか・確認しましたか
ご利用になりますか	利用しますか

尊敬語　相手に敬意を表現する。主語は相手で相手に関わるものごとについて述べる。

謙譲語　自分をへりくだって表現する。主語は自分で自身の行動や物事を述べる。

丁寧語　丁寧な言葉遣いで相手に敬意を示す。語尾をです、ます調で整える**（これがおすすめ！）**。

■ 4-5 オープンクエスチョンの使い方例

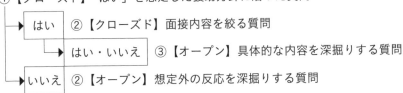

① 【クローズド】「はい」を想定した援助方針に沿った質問
→ はい ② 【クローズド】面接内容を絞る質問
　→ はい・いいえ ③ 【オープン】具体的な内容を深掘りする質問
→ いいえ ② 【オープン】想定外の反応を深掘りする質問

療養指導の場合

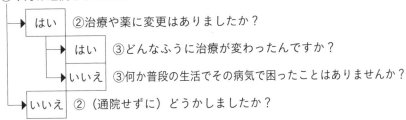

①今月は通院しましたか？
→ はい ②治療や薬に変更はありましたか？
　→ はい ③どんなふうに治療が変わったんですか？
　→ いいえ ③何か普段の生活でその病気で困ったことはありませんか？
→ いいえ ② （通院せずに）どうかしましたか？

就労指導の場合

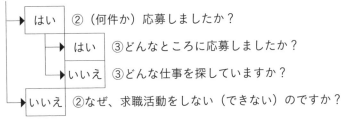

①ハローワークに行きましたか？
→ はい ② （何件か）応募しましたか？
　→ はい ③どんなところに応募しましたか？
　→ いいえ ③どんな仕事を探していますか？
→ いいえ ②なぜ、求職活動をしない（できない）のですか？

ひとり親世帯の場合

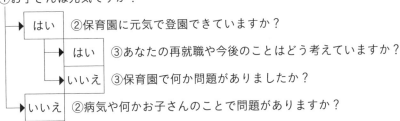

①お子さんは元気ですか？
→ はい ②保育園に元気で登園できていますか？
　→ はい ③あなたの再就職や今後のことはどう考えていますか？
　→ いいえ ③保育園で何か問題がありましたか？
→ いいえ ②病気や何かお子さんのことで問題がありますか？

4 SVの同行訪問、面接同席は ケースワーカーの切り札です

CHAPTER 4 でご紹介した被保護者からの相談対応や面接については、経験しないとわからないこともあると思うので、直接面接する機会の少ないＳＶの皆さんは、時間を取って面接技術などを学んで自身の引き出しを増やしておきたいものです。

さて、ケースワーカーから家庭訪問の同行や面接の同席を求められたらどうすればよいでしょうか。基本的には、ケースワーカーから要請があれば必ず応じるものだとしてＳＶは構えておいてほしいと思います。ＳＶとしての業務もある中で大変かとは思いますが、ケースワーカーの普段の活動を見られるチャンスと捉えてみてはいかがでしょうか。

ケースワーカーが面接時に相手の感情を損ねて「上司を出せ」と言われて面接に同席する場合は、相手の話を聞くのは当然ですが、もしも、ケースワーカーが間違ったことをしていてもその場ですぐに謝ったり、ケースワーカーを叱ったりするのはやめましょう。被保護者との関係性を作るのはＳＶではなく、ケースワーカーでなければいけません。その場は聞くだけにして、被保護者がいないところで、ケースワーカーと話して方策を考えましょう。

ＳＶが出て行くのはケースワーカーが持つある種の「切り札」です。切り札を安易に使っていると効果は薄くなってしまいます。「切り札は先に見せない、他の手があるから見せても大丈夫」くらいのつもりで、ＳＶの同席を手段のひとつとして使えることを、ケースワーカーには日頃から示しておければいいですね。

> **ひとくちmemo**
>
> ＳＶ同席の切り札は、ここぞで切る

CHAPTER **5**

自信を持てる！
「家庭訪問」の
しかた

1 | 家庭訪問は下準備から

✓ 家庭訪問を行う目的を意識しよう

　被保護世帯の家庭訪問は「生活状況等を把握し、援助方針に反映させることや、これに基づく自立を助長するための指導を行うこと」（[局]12-1）を目的にしています。

　これを達成するためにも、ケースワーカーは担当する被保護世帯全てを年に2回以上（入院していたり、施設入所している方など年1回以上の場合もあり）（[局]12-1-（2）-ア）、定期的に家庭訪問する必要があります。

　しかし、生活保護以外の業務では、多くの住民宅に定期的に家庭訪問するようなことはあまりありません。ケースワーカーになったばかりだと、経験も少なく苦手な人も多いかと思います。

　家庭訪問時、どこにポイントをおけばよいかわからず、漫然と訪問回数をこなすだけになってしまってはいないでしょうか。

　ケースワーカーにとって必要な業務として、家庭訪問に意味を持たせるためには、目的をきちんと意識して、それを実行するための下準備をする必要があります。

✓ 家庭訪問のずっと前からの下準備が大切

　被保護世帯を年に何度、家庭訪問するかは、事前に訪問計画を立てて決めておきます。

担当を引き継ぐ際、前任者が設定した訪問回数やその回数をこなすための日程調整に気を取られがちかと思いますが、そうするとどうしても必要な回数を家庭訪問するということに力点を置いてしまいがちです。家庭訪問の目的は「被保護者に会う」ことではありません。

本来の目的を満たすため、被保護世帯の家庭訪問にあたっては、下準備として次のような点をあらかじめ確認しておきましょう。

①年間計画の見直し（担当になったとき、年度のはじめ）

前任者が作った訪問計画は、そのとおりに実行できるか見直しましょう。1か月あたり何件行くか、1件あたりどのくらいの時間がかかるか確認して、全体の訪問回数を見直しましょう（5－2参照）。

②月間スケジュールの作成（毎月下旬から月末）

①で必要になった家庭訪問する時間を「枠」として自身のスケジュールに入れましょう。

③訪問世帯の選定、日程調整（毎月下旬から月初）

世帯によっては訪問日時の約束を取る必要がある場合もあるので、被保護者に連絡を取って②で決めた「枠」にあてはめていきます。

④保護記録の読み返し（訪問日前日までに）

訪問する世帯の保護記録を確認して、訪問当日までに訪問時に何を確認し、何を聞けばよいかを整理しておきます。

家庭訪問は行き当たりばったりではなく、事前の準備をすることで、当日の訪問でやるべきことが明確になります。

> **家庭訪問が苦手なあなたへの処方箋**
>
> ## 家庭訪問は年間計画の下準備から

2 | 計画は自分のスケジュールを確認するところから

✓ 家庭訪問そのものが目的ではない

　担当する世帯数が増えると、それに比例して家庭訪問の回数も増えていきますが、1日（週）〇件と自分に訪問回数のノルマを課していないでしょうか？　家庭訪問はケースワークとして大切ですが、家庭訪問に行くことそのものが目的化するようではいけません。詰め込むのではなく、効率よくかつ効果的に定期の家庭訪問を行う方法を考えましょう。

✓ 家庭訪問の適正回数は？

　家庭訪問の回数は、「世帯の状況に応じて必要な回数を訪問すること」（［局］12-1-（2）-ア）とされており、厚生労働省が令和4年7月8日に開催した「社会保障審議会（生活困窮者自立支援及び生活保護部会）（第16回）」の資料では、家庭訪問の基準について、次のように述べています。

（1）毎月又は1年に6回以上

ア　就労阻害要因がないにもかかわらず、稼働能力の活用が不十分であるなど、積極的な助言指導を要する世帯

イ　生活状況や療養態度に課題があり、かつ民生委員・児童委員や保健所、児童相談所、地域包括支援センター等の関係機関（以下「民生委員等の関係機関」という。）との関わりや扶養義務者、近隣住民等と

の交流がないなど、生活状況や健康状態等の把握を要する世帯

ウ　資産や他法他施策の活用を怠っており助言指導を要する世帯

エ　その他継続的な助言指導を要する世帯

（2）1年に3回又は4回以上

ア　稼働能力の活用が不十分であったり、又は就労状況や就労収入が安定していないなど、定期的に助言指導を要する世帯（（1）アに該当する場合を除く。）

イ　民生委員等の関係機関との関わりや扶養義務者、近隣住民等との交流がほとんどなく、生活状況や健康状態等の把握を要する世帯

ウ　その他定期的な助言指導を要する世帯

（3）1年に2回以上

上記以外の世帯

一般的に被保護世帯ごとに、こういった基準に基づいて年間の訪問回数を計画していると思いますが、少し視点を変えて、1人のケースワーカーが年間に家庭訪問すべき回数はどのくらいかを考えてみましょう。

ケースワーカーは1人あたり標準で80世帯（都道府県が設置する郡部の福祉事務所は65世帯）を担当します。家庭訪問は、年に2回以上ですから、80（または65）×2の160（同130）、そしてそれを12で割った約14（同約11）が家庭訪問を行う1か月あたり最低限の回数です。

1回の家庭訪問あたりの所要時間は、都市部と郊外では訪問先への移動時間も異なりますし、被保護者によって家庭訪問での面接時間も違いますが、仮に1件あたり30分とすると、1か月に7時間（同5時間半）は家庭訪問にあてることになります。

基準どおりなら世帯によって年3〜12回家庭訪問を行うこともあると考えると、平均すると1世帯あたりの年間訪問回数は3〜4回に収まるはずです。仮にケースワーカー初心者の訪問回数の達成目標を1世帯あたり年3回とすると、1か月あたりの家庭訪問回数は20回（同16回）、

時間にして10時間（同8時間）になります。それ以上の回数がこなせていたら、皆さんはすごく頑張っています。最初からこの年3回を4回にする必要はありません。最低限2回、目標3回としましょう。

さて、あらためて、あなたは1か月にどのくらいの家庭訪問をしていますか？　もちろん、あくまでも目安ですが月20回（同16回）が1人のケースワーカーが実施する家庭訪問の回数とすると、家庭訪問の頻度やそれに費やす時間の考え方が変わってきます。

✓ まず自分のスケジュール帳を見よう

定期の家庭訪問の計画を立てるときには、まず自分のスケジュール帳を見ましょう。そのときに見るべきは、仕事のスケジュールではなくプライベートのスケジュールです。

家庭訪問の計画を立てる前に、自身や家族の予定をさっさと書き込んで埋めてしまいましょう。家族の誕生日や記念日など、残業できない（したくない）日の予定だけでなく、この辺りで休みを取って旅行に行きたい、この日は連休にして1日家でダラダラとゲームをするなど「妄想の休日」もスケジュールとして書き込んでください。

それが終わったらようやく訪問計画作成の時間です。

まず、プライベートな予定で休暇を取る日と「妄想の休日」には一切、仕事の予定を入れないでください。それはあなたが**ケースワーカーとして仕事をするために一番大切な時間**です。次に仕事が終わった後の夜に予定を入れている日は、残業せずに済むように、午後の家庭訪問をしないようにしてください。

残った時間が、家庭訪問に使える時間です。

✔ 訪問計画に濃淡をつける

残った時間で、家庭訪問の日程を決めます。就労や通院中の被保護者宅への訪問は、訪問日時が限られるので、まずそれを予定に入れます。次に積極的に助言や指導を行っている世帯を予定に組み込みます。

予定を入れる際には、積極的に指導する被保護者相

→ 訪問計画の例

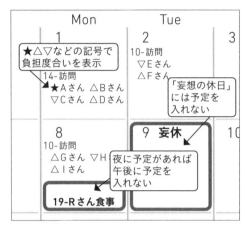

手などケースワーカーの心身に負担のかかる訪問が連続しないよう、世帯類型や援助方針を確認しながら1日の家庭訪問に濃淡をつけましょう。

また、訪問予定は面接をする時間だけではなく、その家への移動時間、そして**訪問記録を作成する時間**も確保してください。記録作成の時間を「家庭訪問」の一環として予定に組み込んでいない方が多いと思いますが、記録の作成に着手しないでおくと面接時の記憶も曖昧になり、思い出すのに余計な時間がかかってしまいます。記録を作成するために残業するようなことになったら、自身のプライベートの予定を優先させて訪問計画を立てている意味がなくなってしまうので工夫しましょう。

家庭訪問は「移動→面接→移動→記録作成」の一連の流れをセットにして予定を組みましょう。

訪問計画の立て方に悩むあなたへの処方箋

定期の家庭訪問はやるべき回数を決めて、バランスよく予定を立てる

3 | 訪問計画どおりいかない ときのリカバリー法

✓ 生活保護では想定外は想定内

　生活保護現場では時に思いもよらない即時対応やイレギュラーな対応を求められることがあります。ケースワーカーには、定期家庭訪問や月々の保護変更処理など、期日までに必ずしなければならないことがあるので、予定が狂うとリカバリーに苦労する人も多いでしょう。

　まず押さえたいのは、生活保護現場で起こることは、どんなことであっても「想定外のことではない」と捉えてほしいということです。

　自分が考えていなかった出来事が発生したから、通常の対応とは異なる対応をするというのが普通の考えだと思います。しかし、生活保護は他の法律・制度でカバーできないことに対応する「最後のセーフティネット」としての役割を持っています。つまり、他の法律や制度の「想定外」に対応するのが生活保護制度です。今、あなたが「想定内」として対応していることも、かつては「想定外」でした。「想定外」にその時々のケースワーカーが対応して積み上げてきたのが現在の生活保護現場です。

　生活保護現場では、「想定外のことが起こり、イレギュラーな対応を求められる」ことを想定しておくようにしましょう。

✓ イレギュラーへの対応のための貯金を作っておく

　計画どおりに家庭訪問ができないときには、貯金を用意することから始めましょう。イレギュラーな対応を想定するならばそれに対応するた

めの予定を立てておく必要があります。とはいっても、いつ、どこで、どれくらいの時間が必要かわからなければ、スケジュール帳に予定を書き込めません。

そこで役立ってくるのが、前項で提案した「妄想の休日」です。「妄想の休日」は、良い仕事をするための貯金です。何もなければそれを現実の休日にすればよいですし、いざとなればイレギュラーな対応で変更を余儀なくされた予定の消化に使いましょう。

✓ 訪問計画は絶対じゃない

「妄想の休日」で作った貯金を使い果たして、どうしても訪問計画どおりに家庭訪問ができない、リカバリーすることができないときはどうすればよいでしょうか?

そういうときは無理に詰め込むのではなく、訪問回数や援助方針の変更ができないか考えましょう。まずは就労を開始したり、通院状況が安定している世帯の訪問回数を減らしましょう。それでもリカバリーが難しい場合は、SVと相談して毎月や2か月に一度の訪問予定になっている世帯の訪問から削ることも考える必要があります。

定期の家庭訪問は計画どおりがベストですが、「回数をこなす」ことが目的ではありません。世帯の状況に合わせて、柔軟に援助方針の変更や家庭訪問の回数の整理をしましょう。

計画どおりに家庭訪問ができないあなたへの処方箋

想定外を想定内に。
難しいときは訪問計画の変更も視野に入れる

4 | 聞きたいことを記録から ピックアップする

✓ 家庭訪問の前に保護記録を読む

　家庭訪問の目的は援助方針が整っていればあまり迷うことはないと思いますが、家庭訪問での面接は「前回との違い」を意識することが大切です。これは変化する世帯状況を正しく把握するためです。

　その違いを意識するためには、必ず前回の訪問時の保護記録を読みましょう。保護台帳に綴じられている訪問記録や種々の提出物、診療報酬明細（レセプト）などには、その被保護世帯が現在どのような生活状況にあって、保護の開始後どのような経過をたどっているかが刻々と記されています。

　準備に時間が取れるのであれば、前々回の訪問記録なども含めて、おおよそ半年分（通常、どんな世帯でも年に2回の訪問計画を立てているので少なくとも1回分は訪問記録があるはずです）を読み返しておくとよいでしょう。

　世帯によって見るべきポイントは異なりますが、前回訪問時にどんなことを聞いたのか、今回の家庭訪問までにどんな進展があったのか（なかったのか）が家庭訪問時の面接内容の軸になります。

✓ 気になったことは付箋紙にメモする

　保護記録を確認して、訪問時に被保護者に尋ねたいこと、確認したいことが見つかれば、忘れないようにメモをとりましょう。家庭訪問時に

持参するノートなどに書いてもよいのですが、おすすめは大きめの正方形（75×75mm）の付箋紙に箇条書きにする方法です。

　そして、その付箋紙は実際に家庭訪問するときまで、保護台帳（冊子型であれば表紙裏など）や世帯票など世帯の事務処理を行う際に必ず目に入るような場所に貼っておきます。

　実際に家庭訪問を行うときは、そこから家庭訪問に持っていくノートなどに貼り替えて、訪問順に並び替えたり、貼った横に面接時のメモを書いたりすると後々、訪問記録を書くときにも整理しやすくなります。

→ 付箋紙の使い方

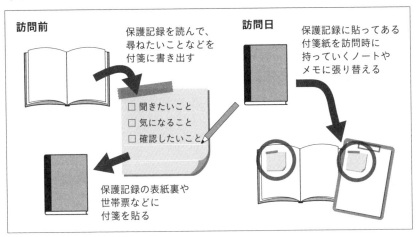

訪問前

保護記録を読んで、尋ねたいことなどを付箋に書き出す

□ 聞きたいこと
□ 気になること
□ 確認したいこと

保護記録の表紙裏や世帯票などに付箋を貼る

訪問日

保護記録に貼ってある付箋紙を訪問時に持っていくノートやメモに張り替える

　家庭訪問を効果的に行うためには、行き当たりばったりで面接をするのではなく、こういったちょっとした準備が大切です。訪問する当日やその後の記録作成でも役立つので意識して取り組みましょう。

何となくの家庭訪問になってしまうあなたへの処方箋

家庭訪問の要は保護記録にある。事前の整理を大切に

5 | 世帯類型別、家庭訪問時に聞き取りたいこと

✓ 世帯状況によって聞いておきたいポイントがある

　前項で家庭訪問に行くときに事前に保護記録を読んで、面接時に尋ねたいことをメモしておくことを説明しました。とは言っても、ケースワーカーになったばかりの頃は、その「尋ねたいこと」のポイントもわからないかと思います。

　ここでは、訪問前に保護記録を読むときや、家庭訪問当日に被保護者本人にどういったことを尋ねればよいか、生活状況などの把握のポイントを世帯類型別に説明します。もちろん、被保護者それぞれ世帯構成や生活状況、状態は異なるので、同じ世帯類型の全てに当てはまる「尋ねたいこと」があるわけではありませんが、最初のとっかかりとして、次に挙げるポイントから注目してみてはいかがでしょうか？

✓ 高齢者世帯

　生活保護を受けている世帯の中で、最も数が多いのが高齢者世帯です。傷病世帯と同じように病気を抱えている被保護者もいますが、年金などの世帯収入が少ないこと以外には大きな問題もなく、「見守り」を主な援助方針としている世帯も多いかと思います。そういった高齢者世帯は、いざというときの対応を見据えて面接することが大切です。

| 高齢者世帯の確認ポイント | 他者との交流状況 |

　高齢者には病気や加齢により外出機会が減ったり、他者との交流が少

なくなる方がいます。生活保護を受けずに生活する「自立」を望める方はほとんどいませんので、日々の生活パターンや他者との交流状況を聞くのが高齢者世帯の確認ポイントです。

　今の生活を1人(夫婦や高齢者同士の複数人世帯の場合もありますが)で続けることができるか、そして将来的にそれが難しくなってきたときに、ケースワーカー以外に被保護者をサポートできるキーパーソンがいるのか(または、いないのか)を把握しましょう。

✓ 障害者・傷病者世帯

　障害者・傷病者世帯は、世帯員が障害や病気を抱え就労ができなかったり、制限があったりすることが、生活保護を適用する主な要因となっている世帯です。障害者世帯と傷病者世帯では確認すべきポイントが異なります。

障害者世帯の確認ポイント　　日常生活の目標

　障害者基本法第2条第1項では、障害者について「障害及び社会的障壁により継続的に日常生活又は社会生活に相当な制限を受ける状態にあるもの」と説明しています。「相当な制限」は人によって大きく異なります。傷病者世帯と違い、治療による早期の改善ではなく、その障害を抱えた状態での生活をどう送っていくのか、その被保護者が「どうしたいか」にフォーカスしなければいけません。その人の状態次第では、直接言葉で聞くことが難しいときもありますが、家族や他の援助者の意見も取り入れて、本人の「どうしたい」を引き出せるようにしましょう。

傷病者世帯の確認ポイント　　通院状況と治療の変化

　傷病者世帯は病気を抱えた状態で生活を送っています。障害者同様に「どうしたいか」を尋ねるのは大切ですが、治療によって改善が見込め、生活保護を受けることになった要因を除去したり軽減したりできることもありますので、通院状況や治療の変化が聞き取りポイントです。病状

を把握して稼働能力を見極め、就労での自立や生活状況の改善などに向け今後の援助方針を立てます。

✓ 母子世帯（ひとり親世帯）

　世帯分類上「母子世帯」とされますが、父子世帯も含む「ひとり親世帯」を指します。母子世帯が生活保護を受けるに至る理由は様々です。そのため他の世帯分類で挙げた確認ポイントについてもチェックする必要がありますが、子どもとの生活で配慮すべき点を優先的な確認ポイントとして考えるとよいでしょう。子どもの年齢によっても確認ポイントは変わってきます。

母子世帯の確認ポイント

①就学前の乳幼児のいる世帯　親子の健康状態

　乳幼児との生活はどうしても子どもが優先になってしまうので、親にかかる負担が大きくなります。家庭訪問時に、子どもの健康状態を確認すると同時に、親が疲れていないか、困っていないかなど、親の心身が健康かどうかを確認することを優先したいものです。時にはその地域の保健師に繋ぐなど、親にとっての相談先を確保することも大切です。

②小中学生の児童のいる世帯　親の活動目標

　子どもが小学生になると、親は自分のために時間を使うことが少しずつできるようになってきます。高校、大学への進学など、子どもの今後に向けた相談を受けることもありますが、むしろ確認ポイントになるのは、「親がどうするか？」です。子どもが学校に行っている間の時間をどう過ごしているのか、自立に向けて仕事を探すなどしているか等々、子よりも親にフォーカスして話を聞きましょう。

③高校生の児童のいる世帯　高校卒業後の進路と自立

　子どもが高校を卒業して大学や専門学校に進学した場合、親と同居を続ける場合は、子どもは基本的に世帯分離し生活保護の適用から離れる

こととなります。そのため、この時期は子どもと直接面接して、進路や自立に向けた準備について話すことが一番のポイントになってきます。

✓ その他の世帯

　その他の世帯は、これまでの3つの分類に当てはまらない世帯です。失業など一時的な収入の減少により生活保護を受けることが多く、そういった方は収入を増加させ生活保護を受けずに済む「自立」を目指すことになります。

| その他の世帯（就労可能世帯）の確認ポイント | 求職・就労活動状況 |

　仕事に就いていない被保護者に対しては、求職活動状況を把握します。単に何回ハローワークに行っただとか、面接を何回受けたかという表面上の活動状況ではなく、もう少し踏み込んでどんな仕事を探していて、なぜ仕事が決まらないのかを被保護者自身に考えてもらうところまで確認することが大切です。被保護者1人で求職活動がうまくいかないときは就労支援施策に繋ぎます。

　仕事に就いていても収入が伸びず自立までたどり着けない被保護者に対しては、現在の就労（収入）状況を確認するだけでなく、キャリアプランなど今後の展望や自立に向けた目標を立てることを確認ポイントにするとよいでしょう。

家庭訪問時に聞きたいことがわからないあなたへの処方箋

世帯類型ごとの傾向に合わせて確認する

6 | 家庭訪問で 「見る」べきところ

✓ 聞く、話すだけじゃなく「見る」のも大切

　家庭訪問をするとき、被保護者の悩みや相談を聞いたり、ケースワーカーから生活面でのアドバイスを話したりすることだけでなく、「見る」ということも大切です。被保護者との面接は家庭訪問でなくても、福祉事務所の面接室などでも可能ですが、家庭訪問時にしか確認できないことがあります。

　もちろん、あいさつもそこそこに部屋の中をジロジロとなめ回すように見るのは、家庭訪問の目的が面接ではなく何かの調査に来たのではないかと思わせてしまって、被保護者との関係を悪くすることになりかねません。基本的にはあらかじめ見ようと思うところを用意しておいて、部屋に入ったときや出るときにさっと見て確認するのがよいでしょう。

　また、生活保護の申請後の初めての家庭訪問であれば、間取り確認の名目で、全体をしっかりと確認できます。特に気になったところは、当日や次回以降の家庭訪問で被保護者本人に尋ねてみることで、生活状況をより深く知り、生活面での助言にも具体性を持たせることができるようになります。

✓ 最初に見るべきは水回り

　被保護者の部屋で最初に確認したいのは「水回り」です。

　水回りにはその家に暮らしている被保護者の生活実態が如実に表れま

す。単に綺麗か汚いかではなく、その状態が続けばどうなるのかを意識しましょう。

　台所の流し台（シンク）の周辺を見て、使用されていないようだったり、使った後の食器やゴミが溜まっていたりすれば、自炊できていないことが考えられます。そのときは「普段の食事はどうしているか？」と尋ねることで、生活扶助（生活費）の大きな部分を占める食費の使用状況や、時には同居していない家族や周囲の協力者との交流状況を確認できます。

　傷病者世帯や障害者世帯の場合、流し台にゴミが溜まっていたら、次は風呂やトイレにゴミが溜まっていないかも確認したいところです。病状等が悪化してくると、風呂を使用せずゴミが溜まってきます。そういった状況になってくると居宅生活が難しくなってくるので、年齢や心身状況に合わせて介護・障害サービスの利用や施設入所なども検討しておく必要が出てくるでしょう。

✓ 部屋にほこりが積もっている＝ダメ、ではない

　特に単身世帯の被保護者宅に行くと、ほこりが積もったままの部屋に通されることがあります。そういった部屋の状況を見て、「掃除もできていないし、これはダメだ」と思うのは少し違います。

　自分の部屋を隅々まで使う人もいれば、手の届く範囲しか使わない人もいます。ですから、ほこりが積もっているだけであれば、そこはただ使っていないと思って構いません。ここで見るべきは、ほこりが積もっているところではなく、むしろほこりが積もっていないところです。

　被保護者がよく使うところはほこりが積もっていません。玄関から普段過ごす場所までの導線だけでなく、ほこりの積もっていないところを確認すれば、生活動線から被保護者がどんな生活を送っているかの一端をうかがい知ることができます。例えば、壁や手すりが近くにある場所

にはほこりがなく、それ以外にほこりが積もっていたりすると、その人は足腰が弱ってきています。ヘルパー派遣や段差解消などを検討するため、「1人でできなくなったことはないか」など尋ねましょう。

✓ 普段過ごす場所には情報が溜まっている

　世帯の種別に限らずどんな被保護者でも、普段の生活の中で一番多く過ごしている場所に、その世帯の特徴が表れます。

　ひとり親世帯であれば、子どもの玩具や勉強道具などがありますが、子どもがいないときにもそういったものが片付けられていなければ、親に余裕がなくなっていてケアが必要な状態かもしれません。

　単身者であれば、布団を敷きっぱなしにしていたり、ベッドのあるスペースで過ごしている時間が長い人がいます。そういった被保護者の場合、手を伸ばして届く範囲に置いてあるものは、その人にとって常に必要なものなので注目するとよいでしょう。ベッド（布団）周りに灰皿やアルコールが置いてあるケースは特に注意しなければなりません。すぐに煙草やアルコールをやめなさいという指示に繋げるというわけではありませんが、危険度が高いことを確認できます。一方で、本やゲーム機など趣味の物品がそこにあれば、普段の生活を聞き取るきっかけにできるでしょう。

✓ 不在時には外観をよく確認する

　被保護者不在時には、住居の外観から何か変化がないか確認しましょう。例えば、家の外に傘や自転車が置いてある場合、その場所などをメモしておくとよいでしょう。

　不在が続く場合、室内で倒れているなどの危険性だけでなく、時には居住実態がなく不正受給が疑われることもあるので、郵便物が溜まって

いないかどうかや電気・ガス、水道メーターの数値を確認するような癖をつけておくと、細かな変化に気付くことができるようになります。

✓ 見るべきは場所だけではない

　見るべきところをこれまで挙げてきましたが、見るのは場所だけではありません。家庭訪問でもう1つ見るべきなのは、その時、目の前にいる被保護者の言動です。

　例えば、被保護者が室内を移動するときに手すりや何かを支えに歩いていたらADL（日常生活動作）の低下を、着ているものや整髪など身なりが荒れてくると自立意欲の低下を疑うことができます。

　面接の中での被保護者の表情、態度、仕草からも、被保護者が抱えている問題が見えることがあるので、気になったことはメモしましょう。

✓ 見るべきところは共有しよう

　ケースワーカーによって気付くところも異なるので、できればその感覚を共有するとよいでしょう。

　私はマンションやアパートの一室で暮らしている被保護者と接する機会が多かったのですが、雪国のケースワーカーは、「住居周りの雪かきができていないとマズい」と話していました。地域によっては私が思いつかないような「見るべきところ」があるでしょう。機会があれば、先輩ケースワーカーに「どんなところを見ていますか？」と聞いてみましょう。

家庭訪問での確認どころがわからないあなたへの処方箋

聞く、話すだけでなく「見る」のも必要

7 | 家庭訪問時の記録は さっと残そう

✓ 家庭訪問でのメモはさっと書く

　家庭訪問時の面接内容は、後で訪問記録を作成する必要があります。

　ここまでに書いたように、家庭訪問では、聞く（近況を確認する、相談を受ける）、話す（指導や助言をする）だけでなく、見る（気付く、確認する）こともしているので、その全てを記憶しておいて記録に反映するのは難しいと思います。

　面接時のメモの取り方はケースワーカーによってそれぞれで、正解があるわけではありません。だからといって、相手が話すことをそのまま書いて、メモを取ることばかりに集中していると、「話す」や「見る」がおろそかになってしまいます。話の要点をさっとメモして、面接に集中したいものです。

　そのためにここでは、家庭訪問時の効果的なメモの取り方の一例をご紹介します。

✓ 面接メモを使用するときの注意点

　面接メモを使用、作成する際に気を付けたいことがあります。

　家庭訪問時に作成する面接メモは、通院状況や求職活動の様子、被保護者の身体状況など他人にあまり知られたくない個人情報です。個人情報の取扱いは、実施機関（自治体）ごとにルールが異なるので、まずはそのルールを守るのは当然ですが、そのうえで、次のようなことに気を

付けましょう。

①必要最小限の情報を持ち出す

　面接時に被保護者に尋ねたいことや世帯の情報を確認するために保護記録や世帯票を持ち出したいところですが、**5－4**で説明したように、庁外に持ち出す情報を付箋紙に書いて貼り替えるなど、最小限の情報を持ち出す方法を考えましょう。

②紛失時の個人情報流出のリスクを最小限にする

　物理的にメモを作成する以上、紛失のリスクは常に存在します。他人の目に触れてしまう可能性を考えて、面接内容を詳しく書きすぎず、訪問記録を書くときに自身の記憶を呼び起こすための鍵になるような記録を心掛けましょう。

③ノートを使うなら専用のノートを用意する

　メモをノートや手帳に取る人は、②も含めてその取扱いに注意しましょう。プライベートな内容を書いている手帳に書くのは厳禁です。仕事用のノートを用意するときも、事務作業手順などを書く自分用のメモと混在させず、家庭訪問専用のノートを用意したほうがよいでしょう。

　面接メモそのものはあくまで訪問記録を作成する備忘録にすぎませんが、ノートなどに残したときは退庁時には鍵のかかる書棚にしまうなど、公文書同様の厳重な取扱いをしないといけません。そういう意味でも、面接メモは訪問記録を作成するまでの一時的なものとして使用して、使用後はシュレッダーで破棄するような取扱いをしましょう。

✓ オリジナル面接メモとその使用方法

　面接メモは訪問記録作成後に破棄することが前提であれば、いらない裏紙を使っても問題ありません。とはいえ、それではノートのような罫

線もありませんし、ケースワーカーになって間もない人だと、どうメモを取ればよいかわからず悩むかと思います。

　そこで、今回は面接時に迷わずさっと書ける「さっと面接メモ」のテンプレート（Word形式）を作成しました。下記URLからダウンロードすることができます。Ａ４サイズの用紙にコピーして半分に切ると、Ａ５サイズの面接メモになります。使いづらいところがあれば、自由にカスタマイズして使用してみてください。自分の手に馴染むような面接メモにカスタマイズできれば、家庭訪問時に何を尋ねたらよいかが明確になり、頭の中もすっきりしますよ。

「さっと面接メモ」テンプレートはこちらからダウンロード

http://www.gakuyo.co.jp/book/b625397.html

※学陽書房のホームページに飛びます

■「さっと面接メモ」の特徴

- 世帯類型別にテンプレートを用意しました。世帯類型別に「聞いておきたいポイント」（5－5参照）を忘れないように専用の記入欄を設けています。
- 保護記録を読んで書き出した「尋ねたい、確認したいこと」を書いた付箋紙（5－4参照）を貼るスペースがあります。
- 「見るべきところ」（5－6参照）や通院、求職、喫食の状況など面接時によく聞くことをチェックしたり記入したりできます。

→「さっと面接メモ」の使用例

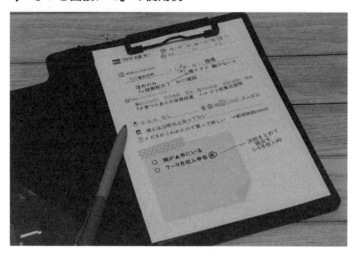

■「さっと面接メモ」の使用方法

① 訪問時に尋ねたい、確認したいことを書いた付箋紙を、保護記録から面接メモに貼り替える。

② 面接メモを訪問する順番に並び替え、クリップボードになどに挟んで家庭訪問時に持参する。

③ 面接メモに沿って、聞いて、話して、見て、その内容をさっと記入する。

④ 面接から帰ってきたら、訪問記録を作成するまでの間、他の事務処理文書と合わせて面接メモを1か所で管理する（**7－3**参照）。

⑤ なるべく訪問してから時間が空かないうちに、面接メモを参照しながら訪問記録を作成する

⑥ 原則、訪問記録を書き終えた面接メモはシュレッダーで破棄する。メモを残しておきたいときは、専用のファイルを用意し編綴する。公文書と同様に保管場所などに留意すること。

✓「さっと面接メモ」 記入例

①傷病者世帯

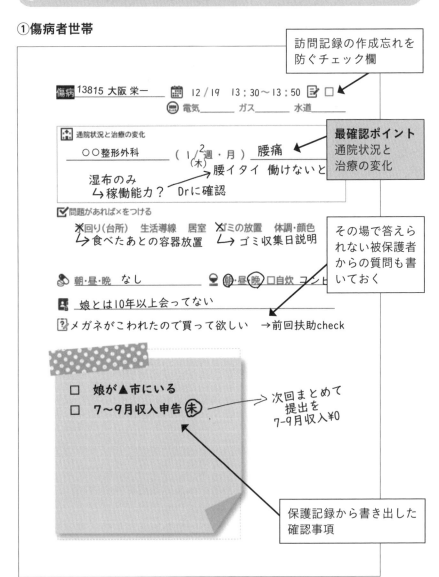

訪問記録の作成忘れを
防ぐチェック欄

傷病 13815 大阪 栄一　　📅 12 / 19　13：30〜13：50 📝 □

電気＿＿＿　ガス＿＿＿　水道＿＿＿

最確認ポイント
通院状況と
治療の変化

通院状況と治療の変化

○○整形外科　　(1 /²週・月)　腰痛＿＿＿
　　　　　　　　　　　(木)　腰イタイ　働けないと

湿布のみ
↳ 稼働能力？ Drに確認

問題があれば×をつける

その場で答えら
れない被保護者
からの質問も書
いておく

✕回り(台所)　生活導線　居室　✕ミの放置　体調・顔色
↳ 食べたあとの容器放置　↳ ゴミ収集日説明

朝・昼・晩　なし　　　　　　　朝・昼・晩 □自炊 コンビ

娘とは10年以上会ってない

メガネがこわれたので買って欲しい　→前回扶助check

□ 娘が▲市にいる
□ 7〜9月収入申告 (未)

次回まとめて
提出を
7-9月収入¥0

保護記録から書き出した
確認事項

②その他世帯（就労指導）

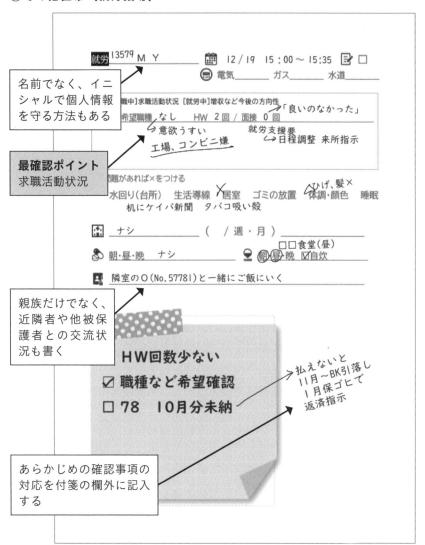

名前でなく、イニシャルで個人情報を守る方法もある

最確認ポイント
求職活動状況

親族だけでなく、近隣者や他被保護者との交流状況も書く

あらかじめの確認事項の対応を付箋の欄外に記入する

就労 13579 M Y　　　📅 12/19　15:00 〜 15:35　📝 □
🔌 電気＿＿＿＿　ガス＿＿＿＿　水道＿＿＿＿

[就労中]求職活動状況　[就労中]増収など今後の方向性　「良いのなかった」
希望職種　なし　HW 2回/面接 0回
　意欲うすい　　　　就労支援要
　工場、コンビニ嫌　　→日程調整　来所指示

問題があれば×をつける
水回り(台所)　生活導線 ✕ 居室　ゴミの放置　ひげ、髪× 体調・顔色　睡眠
　机にケイバ新聞　タバコ吸い殻

🏥　ナシ＿＿＿＿＿＿　(/ 週・月)＿＿＿＿

💊 朝・昼・晩　ナシ＿＿＿　🍚 □□食堂(昼)
　　　　　　　　　　　　　朝昼・晩 ☑自炊

📇 隣室のO(No.57781)と一緒にご飯にいく

HW回数少ない
☑ 職種など希望確認
□ 78　10月分未納

→払えないと
11月〜BK引落し
1月保ゴヒで
返済指示

使えるメモの取り方がわからないあなたへの処方箋

事前に面接メモを用意して、尋ねたいことをさっと記録する

5 家庭訪問は頻度ではなく、一つひとつの意味を考える

　CHAPTER 5で取り上げた被保護者への家庭訪問は、「1年に2回以上訪問すること」（[局]第12−1−（2）−ア）とされているため、ＳＶの立場としては訪問回数の管理をしなければなりません。

　実際、私がＳＶだった時は、ケースワーカーが立てた訪問計画を確認して、月初に「先月計画通りに行けていない世帯」として紙にまとめケースワーカーに手渡していました。ですが、この方法はケースワーカーにプレッシャーを与えるだけで意味がないと思うようになり、数か月でやめました。以降は、6か月以上家庭訪問ができていない「長期未訪問」の世帯に関してケースワーカーに意見を聞いて、家庭訪問を促したり、接触が難しい被保護者であれば福祉事務所への呼び出しを考えたりと柔軟に対応していました。

　計画通りに家庭訪問ができていないと、指導監査の折りに指摘を受けて改善できるまで報告を求められることから、ＳＶは家庭訪問の回数にこだわってしまうかもしれません。ですが、家庭訪問は本来、回数をこなすことではなく、生活状況の把握や自立助長のための指導が目的です。必要な回数をこなしていなかったとしても、その世帯がしっかりと自立に向けて自走できているのであれば、家庭訪問を行わずとも助言・指導の目的は満たされていると考えた方が良いでしょう。こういった場合、援助方針を随時検討して最低限の年2回の家庭訪問まで回数を減らしてしまっても構いません。訪問に行った、行かなかったではなく、どういった指導・助言ができているかにこだわりましょう。

ひとくちmemo
監査を気にして家庭訪問の回数をチェックするよりも、被保護者の現状をチェックする。

CHAPTER 6

楽に書ける！
「保護記録」の
作成のしかた

1 | 記録を書くときに 最初に注意すること

✓ 記録作成にはテクニックがある

　「福祉知識ゼロ」なので保護記録を作るのが苦手という方が多いと思います。それはなぜかというと、ケースワーカーが作成する保護記録は、他の部署で作成する行政文書などとは明らかに形式が異なるからです。文書作成に慣れた職員でも、保護記録を作成するとなると最初は他部署の文書作成との違いに戸惑うかと思います。

　家庭訪問時の面接などは、被保護者との会話が記録のベースになるので、会話を書き起こしたかのような記録を作成しがちです。しかし、議題が決まっている会議の議事録などとは異なり、面接は内容が生活全般に及び、被保護者の希望や考えを聞くこともあります。会話を書き起こすだけでは、冗長でポイントがはっきりしない記録になります。

　生活保護で作成する保護記録の作成には、それに適したテクニックがあります。この章ではそんなテクニックについて説明します。

✓ 見出しでしっかりと項目分けする

　保護記録を書くときに最も大切なのは「何について書かれているか、一目で明確にわかる」ことです。そのためには、作成する記録には「見出し」を使用することを意識しましょう。

　見出しは、その記録の中の「看板」です。お店の看板のように、中でどんな商品を売っているのかはわからなくても、何のお店かは看板を見

ればわかります。見出しを付けることで、その後に続く本文を読まなくても何について書かれているかを一瞬で判断し、後から読み返す必要が出てきたときに、見る（読む）べき場所を見つけることができます。

✓ 慣れないのなら本文は箇条書きで書く

　見出しを付けた後に続く記録の本文は、文章で書いても箇条書きで書いても構いません。小説のようにクリエイティブな文章を書くわけではありませんので、慣れない人は箇条書きで書くほうが書きやすいかと思います。被保護者からの質問や相談に対して、ケースワーカーの答えやその後の処理を矢印（→）で記すことで、どういった対応をしたのかがわかりやすくなります。

　ただし、箇条書きで保護記録を書くと、同じ表記が続くため、情報の濃淡が付けづらくなります。被保護者がどのように感じて、どんな様子だったのかといった面接時の空気感などが感じられず、どの被保護者の記録を読んでも同じ内容に見えてしまうかもしれません。そんなときは所見や援助方針を補足して、被保護者がどんな状況に置かれているか、どういった方針で世帯を支援していくのかを示しましょう。

→ 箇条書きの記録例

【通院状況】
・○○クリニック、週に1度、火曜日に通院（前回2/21）
・処方薬、治療変化なし。（主）も「あまり変わらない」との認識
　　→要病状照会、稼働能力を再確認

記録作成の方法に悩むあなたへの処方箋

見出しと箇条書きで
一目でわかる記録を作成する

2 | 定型様式を 最大限に利用する

✓ 定型様式を使おう

　見出しと箇条書きを使った記録の書き方は、定型様式（フォーマット）を使うことが習得の近道です。保護開始時の申請者への聞き取り内容、収入申告による生活保護の変更処理、法第29条による金融機関等の調査など、ケースワーカーならば誰でも行う事務処理は、定型様式が作成されていることが多いので、積極的に活用しましょう。

　また、家庭訪問時の訪問記録についても、もしも所属の福祉事務所に定型様式がなかったとしても「さっと面接メモ」（5－7参照）に沿った形で、見出しを作っていけば、自分で定型様式を作ることができます。

✓ 定型様式のメリット、デメリット

　定型様式を使うことの最大のメリットは、記録する項目がはっきりすることです。書く場所が決まっていれば、面接時に被保護者に何を尋ねないといけないのか、事務処理を行うときに何をしなければいけないのかが把握できます。統一された様式で記録を作成することで、ケースワーカーごとにばらつきが見られる保護記録の質を一定以上に整えられます。

　その一方で、○×で選ぶ項目や数値化した項目ばかりで記入の自由度が低い定型様式を作ってしまうと、本来必要な被保護者の状況などが見えにくくなるというデメリットがあるので注意しましょう。

■好ましくない定型様式の項目とその改善例

稼働能力 　（ 　高 ・ 中 ・ 低 ・ 無 ）

稼働能力　☑有り　□無し 　　　　　腰痛のため長時間の立ち仕事は難しい。Dr意見あり

　今は保護記録を手書きで作成することは少なくなってきています。また定型様式は「Ａ４サイズ１枚に収まるように書き込む」ことを前提として作る必要はありません。見出し・項目を示し、必要に応じて記述欄を増減できるWordなどのデジタルデータで用意するとよいでしょう。

✓ 定型様式への記入は先輩を真似るところから

　訪問記録など自由記述が多い定型様式だと何を書いたらよいかわからないという方は、まずは先輩の書き方を真似ることから始めましょう。自身が担当する以前のものや、他の地区の先輩ケースワーカーが担当している保護記録を読んで、参考になる書き方があれば、ノートや「コピペノート」（**6－4**参照）に書き写します。

　そして、その書き方をお手本に、担当する被保護者の状態に合わせて書き換えることを繰り返していると、そのうち、自分の書き方ができてきます。最初は定型様式の使用と書き方の真似からで大丈夫です。

無理なく記録を書きたいあなたへの処方箋

定型様式を使って記録の書き方を覚えよう

3 記録作成が楽になる 単語登録

✓ 定型様式を使った記録作成を省力化する

　保護記録の作成は、定型様式を使えば一から書いていくよりも効率的に行えます。

　しかし、定型様式があればどんな記録でも書くのが簡単になるかというとそうではありません。家庭訪問などの定型様式は、見出しや項目は用意されていますが、その後に続く本文は面接時に被保護者と話したことや被保護者の身体状況などケースワーカーが見たことを書いていく必要があります。本文の記述を箇条書きにすることで、1つひとつの内容をコンパクトにまとめることができますが、記録作成が苦手だと、そのまとめ方もわからないという人もいるでしょう。

　前項では、先輩ケースワーカーが書いた記録をお手本にすることをおすすめしましたが、ここではその際に便利な「日本語IMEへの単語登録」と「自家製コピペノートの制作」の方法をご紹介したいと思います。

✓ よく使う言葉はすぐに使えるよう登録する

　仕事で使用しているPCで「単語登録」を使用していますか？　先輩の真似の中でいくつか新しい単語を見つけたとき、普段自身が使わない言葉などがあったとき、単語登録をすると使い回しが効いて便利です。ほとんどの職場で使われているWindowsをOSとするPCには、「Microsoft Office日本語IME」という標準の日本語変換機能が搭載されており、そ

の機能で入力する文字を漢字などに変換しています（macOSにも「ユーザ辞書」という似た機能があります）。

　単語登録はその日本語IMEに個別の変換ルールを登録するものです。通常は、標準の変換辞書に登録されていない単語（専門用語や固有名詞など）を正しく変換させるために単語登録を行うのですが、ここではそれだけにとどまらず、記録作成の省力化のためのオリジナル変換ルールを変換辞書に登録させたいと思います。

　普段、友人とSNSでやり取りをするとき、「お疲れさま」を「おつ」、「了解しました」を「りょ」、「あけましておめでとう」を「あけおめ」などと略すことがあるでしょう。

　保護記録を作成するときにこういった略語はさすがに使えません。ですが、逆に「りょ」から「了解しました」のように、略語（簡単な語句）から正確な言葉(よく使う定型文)に変換できるようにすると少ないキータッチで入力することができます。

　保護記録を作成するとき、同じ語句や文章を度々書くことがあります。近隣の医療機関や介護施設の方とのやり取り、ちょっと変わった名字の被保護者や関係者との面接、記録を書くときの決まった言い回し、保護記録を作成するときに繰り返し入力していて、さっきもこの言葉入力したなと思うものは単語登録をするとよいでしょう。

　単語登録をする基準は1件で「3回以上、同じ言葉や文章を使うとき」が目安になります。標準の変換辞書ではうまく漢字変換されないものは積極的に単語登録して入力の省力化を図りましょう。

✓ 単語登録をする方法と注意点

　単語登録は Microsoft Office 日本語IME の場合、「ctrl + F10」キーを押すか、画面の下に表示されているタスクバーにある「あ」か「A」のアイコンを右クリックすると表示される「単語の登録」というメニュー

から行います。

「単語の登録」というウィンドウが現れるので、「単語（D）」欄に登録する言葉や文章を、「よみ（R）」に、その言葉を変換するための語句（略語）を入力し、「登録（A）」すれば完了です。単語登録が完了すれば、以降は「よみ」を入力すれば「単語」が変換候補として表示されるようになります。

この単語登録を行うとき、気を付けたいことがあります。それは、標準の変換精度を落とさないように「よみ」に入力する語句（略語）を工夫するということです。

→ 単語登録の入力画面例

単語の登録

単語の登録

単語(D):

西田総合病院

よみ(R):

@にしび

ユーザー コメント(C):
(同音異義語などを選択しやすいように候補一覧に表示します)

品詞(P):

正しい品詞を選択すると、より高い変換精度を得られます。

○ 名詞(N)　　　　　● 短縮よみ(W)

○ 人名(E)　　　　　「かぶ」→「株式会社」
　　　　　　　　　　「めーる」→「aoki@example.com」
　　○ 姓のみ(Y)
　　○ 名のみ(F)　　○ 顔文字(O)
　　○ 姓と名(L)　　○ その他(H)

○ 地名(M)　　　　　名詞・さ変形動 ▼

□ 登録と同時に単語情報を送信する(S)　　<<

ユーザー辞書ツール(T)　　登録(A)　　閉じる

例えば、「よみ」に「めーる」と登録し、自分自身のメールアドレスに変換できるように単語登録を行ったとします。単語登録を行ったあとに「のちほどめーるします」と入力して、スペースキーを押して変換しようとすると「後ほどsample@sample.lg.jpします」といったふうに変換されてしまうことがあります。

「よみ」に入れた略語に他の一般的な変換候補がある場合は、その「よみ」と被ってしまい、本来変換したい変更候補ではなく単語登録したも

のが先に変換候補として表示され、変換精度が落ちてしまいます。そうならないためには、「よみ」に入力する語句（略語）を、先頭に「@」や「＾」のような文字を付けたうえで、文字数を3文字以上にするなど、標準の変換辞書にない変換パターンとして登録することが有効です。

→ **変換精度を落とさない単語登録時の変換候補と「よみ」の例**

よみ	単語（変換候補）	概要
@めーる	sample@sample.lg.jp	
@にしび	西田総合病院	@の後に入れる「よみ」は、普段使っている略語など短めのものを採用する
たかはし	髙橋	「髙」のような異体字など、固有名詞を正しい文字で変換させたい場合は@は不要

✓ 長文は単語登録ではなくコピペノートを作る

　Microsoft Office 日本語IMEの単語登録で登録できる単語の文字数は60文字が上限です。「りょ」→「了解しました」といった短い文章であれば単語登録が可能ですが、改行や太字、下線といった装飾は単号登録ではできません。

　そこで、保護記録作成のための定型文は単語登録をするのではなく、次項で紹介する、使い回しのきくオリジナル定型文テンプレート「コピペノート」を作り、長文や文字の装飾なども保存しておきましょう。

記録作成を省力化したいあなたへの処方箋

よく使う語句は略語で変換できるようにする

4 | あなただけの「コピペノート」が記録作成を楽にする

✓ 文字入力を省略化するコピペノート

「コピペノート」は、日本語IMEの単語登録では登録ができない60字以上の定型文などを、その名のとおりコピー&ペースト（コピペ）するために自分で作るオリジナルノートです。このノートは、よく使う定型文などをあらかじめ用意しておいて、記録を作成するときにその定型文を素早く取り出し、保護記録にコピペするためのものです。これを使うことで、繰り返して同じ文章を入力せずとも記録を作成することが可能になります。

特定のソフトウェアに依存する機能ではないので、どんなソフトウェアでも、誰もが簡単に「コピペノート」を作ることができます。

ここではどこの自治体でも使われているMicrosoft Wordでのコピペノートの作り方、活用方法を説明します。

✓ 作り方① ベースとなる文例を入力する

では、コピペノートを作っていきましょう。

Wordで新規ファイルを作成してください。用紙のサイズや余白、フォントの種類、文字の大きさなどは、この時点では何も気にしなくて構いません。

次に1行目から、保護記録で使う定型文をいくつか入力してください。何を入力したらよいかわからないときは、先輩ケースワーカーから

引き継いだ保護記録を見て、何度も登場する言い回しがあれば、それをそのまま入力してください。新人研修などでケース記録の書き方などを記した資料などから取ってもよいでしょう。

→ コピペノートに書き写す文例

定期訪問 15:10 ～ 30　主、長男（02）と面接
（主）の12月分就労収入について、下記の通り収入認定を行う。

　このように、保護記録作成時に使う文例を箇条書き（先頭に傍点などは不要）で入力すれば、コピペノートのベースは完成です。家庭訪問の記録を作成するときに「定期訪問～」の行をコピペして、時間や誰と面接をしたかを書き換えれば、常に同じ書き方で書くことができます。

✓ 作り方② 文例に見出しを付けて分類する

　こうやって用意したコピペノートのベースは、このままでももちろん使えるのですが、これでは単に過去の保護記録などからコピペするのと変わりません。

　ここからはコピペノートを使いやすいようにカスタマイズしていく方法になります。まずは、文例に見出しをつけて分類、整理していきましょう。

　先ほどの文例でいうと、「定期訪問～」は家庭訪問の記録を作成する際に使用するもの、「（主）の12月分～」は提出された収入申告書に基づいて保護変更を行う際の記録に使用するものです。

　そこで、「どんなときにこの文例を使うのか？」という視点で、文例の前に「見出し」を入れていきます。

　それぞれの文例の前の行に見出しとして「家庭訪問」「保護変更」などと入力します。次に、見出しの頭にカーソルを置き、画面上部にある

メニューの「ホーム」タブにある「スタイル」から「見出し1」を選択してください。すると、見出しが「見出し1」として設定されたスタイルに変更されます。

→ 見出しの例

```
・家庭訪問↵
  定期訪問 15:10〜30 主、長男（02）と面接↵
・保護変更↵
  (主)の 12 月分就労収入について、下記の通り収入認定を行う。↵
```

　見出しは初期の状態では1と2が用意されていますが、2を使用すると3も表示されます。見出し1 〜 3を次のように使用して分類しましょう。

→ 見出しの分類例

見出し1	その文例をどの段階で使うかの分類 「家庭訪問」「保護変更」など
見出し2	その文例を見出し1の段階のどの状態で使うか具体的に分類 「定期家庭訪問」「収入変更」など
見出し3	見出し2で分けたものの補足説明。必ずしも使用しなくてよい。 「就労収入による収入変更」など

✓ 作り方③　文例の書き換える部分を記号化する

　保護記録や研修資料から写した文例は、新しく記録を作成する際にコピペしても、そのままでは使えません。多くの場合、日付や時間、対象者などを書き換える必要が出てきます。

　あらゆる状態に備えて文例を用意する方法もありますが、コピペするときに、いくつもの文例の中から「どれが一番合っているのかな？」と悩むようになってしまうとかえって非効率です。コピペノートに用意した文例は、あくまでも実際に新しい記録を作成するときのテンプレート

として、使用時に書き換える部分を記号に変えて明示しましょう。

　具体的には、用意した文例のうち、日付や時間、対象者など、記録ごとに書き換えが必要な部分を「●」のような記号に置き換えます。

　このとき、記号は「○」「×」ではなく「●」「■」のような塗られた部分の多い記号のほうが、記録を作成するときに書き換えないといけない部分が目立つのでおすすめです。もしも書き換えを忘れたとしても決裁時にＳＶが気付いてくれる可能性が高まります。

→ 記号化の例

```
定期訪問 15:10 ～ 30　主、長男（02）と面接
　　→定期訪問 ●:●～●:●　●と面接
（主）の12月分就労収入について、下記の通り収入認定を行う。
　　→●の●月分就労収入について、下記の通り収入認定を行う。
```

✓ 作り方④　見出しの見た目を整える

　最後に、保護記録にコピペする本文（文例）と分類のための見出しとの区別がつきやすいように見出しの見た目を整えます。

　初期設定では、見出し１のスタイルはまだしも見出し２、見出し３となると目立たず見分けがつきにくい状態です。

　見出し部分はコピペしない部分ですが、使用時に見つけやすいようにしたいので、しっかりと目立つようにスタイルを変更しましょう。

　スタイルの変更は、１つひとつの見出しを変更するのではなく、一括で同じスタイルの見出しを変更するため、「ホーム」タブにある「スタイル」の「見出し１」「見出し２」などを右クリックして「変更（M）」を選択し「スタイルの変更」を行います。ここではフォントの種類、サイズや太字、文字揃えなどが変更できますが、左下にある「書式（O）」から罫線や背景色を入れるなどさらに詳しく設定できます。

✓ 「コピペノート」の作成例

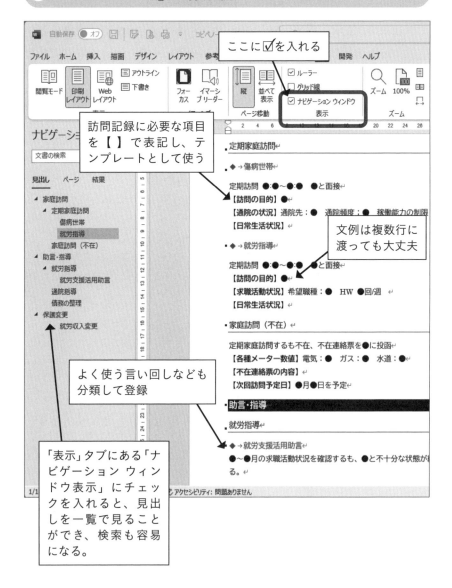

見出し1	フォントを12pt、太字、白色に、網掛けで背景色を黒に変更
見出し2	フォントを11ptに変更、罫線で行全体に下線を入れ、段落で段落前後の間隔を0.5行に広げる
見出し3	文字色を青に変更、段落前の間隔を0.5行に広げる。箇条書きで先頭文字を◆に設定する

✓ 定期的に「コピペノート」を更新する

　「コピペノート」は保護記録作成だけでなく、メールの作成や議事録の作成といった定型業務でも活用することが可能です。単語登録と異なり、文例のスタイルは太字や下線、文字揃えなどを自由に変えられます。

　使いたい文例があればコピペして見出しで分類、使うときにはコピペして書き換える中で、一度「コピペノート」に用意した文例を使う度に少しずつ見直しメンテナンスすることで、オリジナルのテンプレートになっていきます。

　シンプルなテンプレート「コピペノート」をぜひ作ってみてください。

「コピペノート」のサンプルはこちらからダウンロード

http://www.gakuyo.co.jp/book/b625397.html

※学陽書房のホームページに飛びます

記録作成を「さらに」省力化したいあなたへの処方箋

自分だけのコピペノートを作って
文章をテンプレート化する

5 | 保護記録は変化と具体性、そして法的根拠が大事

✓ 記録には書かなきゃいけないことがある

　ここまで保護記録の作成が苦手な人のために、どうやれば見やすく、そして効率的に作成できるかについて説明してきました。

　定型様式や単語登録機能、コピペノートを使うことで、一から記録を作成するよりも、記入する項目が決まっており、何度も使う言葉を使い回すことができるので楽に記録を作成することができます。ですが、これだけでは記録は完成しません。もうひとつ大切なのが、被保護者との面接内容、家庭訪問で見たことなど、テンプレート化できない自由記述に当たる部分、コピペノートでいう書き換え部分です。

　この部分はどうしても書き手（ケースワーカー）の書き癖など個性が出やすい部分です。文章のうまい／へたが気になるところかもしれませんね。ここでは次のような点に注意して記録を作成しましょう。

→ 保護記録に書くことチェックリスト

- ☑ 面接、家庭訪問、指導などの目的
- ☑ 見たり、話したりした事実とケースワーカーの所見
- ☑ 被保護者の質問への回答やケースワーカーが対応したこと
- ☑ 保護の変更など決定に至る根拠

　では、実際に具体的な記述例を元に、記録の書き方を説明します。

✓ 「変化なし」って本当ですか？

> **NG** （主）と面接をする。近況を問うと、特に変わったことはなく、通院も続けられているとのこと。

　高齢で単身の被保護者など、面接をしても話が弾まず「特に変わったことはありませんか？」と質問してしまうことはないでしょうか？　そこで「別にありません」という答えを聞くと、「変わったことはない」「著変なし」といった記録を書いてしまいがちです。

　被保護者にとっては「特に話すほど変わったことがない」というのはよくあることですが、「変化なし」とだけ書いても次回訪問時の参考になりません。いつから、どんな状態から変わっていないのか、という情報が必要です。

改善ポイント

話したことだけではなく、見たこと、感じたことを「変化」の有無も含め具体的に記す。

> **OK** （主）と面接をする。**前回訪問時から特に変わったことはない**と話す。通院も**徒歩のためしんどいが月に1回なのでちゃんと受診している**とのこと。**部屋はきちんと片付いており**、日常生活に大きな問題はないと思われる。

✓ ネガティブワードが入っていませんか？

> **NG** 室内はゴミだらけで汚い。（主）はしばらく風呂に入っておらず臭い。

　保護記録はすべて公文書に当たり、開示請求があれば被保護者本人の目に入ることもあります。ネガティブワードは置き換えるよう心掛けま

しょう。また、単に状態だけや所見だけではなく、そこから生じる課題やその対応についても記載しましょう。

改善ポイント

所見は単なる悪口にならないよう言葉に注意する。

> **OK**　室内にゴミが**散乱している**。（主）は**1週間以上風呂に入っておらず、不衛生な状態。**
> 　→（主）自身の認識乏しく、介護サービスの利用を検討。

✓ 訪問目的に沿って書いていますか？

> **NG**　求職活動状況について、（主）はハローワークに行って仕事を探していると話す。しっかりと仕事を探すようにと伝えた。

　被保護者の援助方針によっては、家庭訪問は現状確認だけではなく、助言・指導の場でもあります。仕事に就くことで自立を目指す被保護者への支援など、訪問時の目的をはっきりと定めている場合は、その目的に沿った面接をしていることを記録にも残しましょう。

改善ポイント

訪問目的に沿って面接を行い、具体的な助言・指導の経過、今後の援助方針を書き残す。

> **OK**　求職活動状況について、（主）はハローワークに行って仕事を探していると話すが、この1か月間1度も面接に至っていない。就労支援を受けてみるかと提案するも、自分でやるとのこと。職種や過去の経験にこだわることなく、今できる仕事をしっかりと探すよう伝えた。
> 　→今月も応募実績がなければ、口頭指導を検討する。

✓ 法的根拠を明示していますか?

> **NG** 課税調査により明らかになった未申告の就労収入について、(主)に説明するよう指導した。

　定例的な支給ではない一時扶助の認定、収入の認定など保護の変更、不正受給の対応など、保護の決定に繋がるものは、法的な根拠（実施要領上の通知・通達など）を明示しましょう。

　保護の決定、処分に対して、被保護者が審査請求を申し立てた場合、正しい判断によって行われているかどうかの手がかりは、保護記録に記載してあることが全てです。記録に書かれていないことによって、手順に不備や不足があったとして保護の決定を取り消されるなどすると、被保護者との関係性も悪くなりかねません。

改善ポイント

法的な根拠の明示と、その根拠に基づく具体的な対応を記載する。

> **OK** 課税調査により明らかになった未申告の就労収入について、(主)に**給与明細、未申告の銀行口座の出入金明細を持って、12月9日15時に来所するよう法第27条に基づき文書指示を行った。**

記録の書き方に悩むあなたへの処方箋

書かなきゃいけないことを意識して、誰に読まれてもよい記録を書く

6 記録の書き方を気にするよりも、たくさんの記録を読み込もう

　ＳＶの皆さんは、ケースワーカーと違って直接、保護記録を作成することはほとんどありません。むしろ、ケースワーカーが作成する保護記録を確認して承認、決裁することが多いでしょう。

　ＳＶだと複数のケースワーカーを担当している場合も多いので、例えば４人のケースワーカーを担当していると標準世帯数で80×4＝320世帯と、毎日決裁されてくる保護記録はかなりの量になります。だからといって、内容を確かめもせず判を押すようなことはしてはいけません。ケースワーカーが訪問や記録作成にかける時間と同じとまではいかずともしっかりと時間を取って記録を読みましょう。

　そして、記録を読んでわかった被保護者の情報は、世帯票などに書き残しておきましょう。**5-4**で紹介したような付箋紙を使っても構いません。

　ケースワーカーは、ＳＶが決裁した保護記録は読んでいるものとして相談してきます。直接、被保護者と接するケースワーカーと違い、ＳＶにとって一人ひとりの情報を記憶しておくことは難しいものです。相談されたときに、その被保護者のことを思い出させなかったとしても、「ああ、○○さんね」と、慌てず世帯票を取り出し自分で書いた付箋紙も参考にケースワーカーの相談に応じましょう。

　直接面接しなくても、記憶に残らなくても、保護記録を読んで情報を書き残せば、ケースワーカーからの相談にスムーズに応じることができます。そして、それがＳＶへの信頼に繋がります。

ひとくちmemo
ケースワーカーが書いた記録を世帯票にメモしよう

CHAPTER **7**

「やること多すぎ」をすっきり解決！ ケースワーカーの 仕事術

1 | 仕事の多さを
見える化しよう

✓ 担当世帯数＝仕事の量じゃない

　ケースワーカーの仕事量について話をするとき、どうしても担当する生活保護世帯数で判断する傾向があるように思えます。「標準世帯数である80世帯より担当する世帯が多いから大変だ」「AさんよりもBさんは担当が多い」等々。確かに、担当世帯数が増えれば、それに伴って家庭訪問や保護の決定のための各種の事務処理が増えるので仕事量は増えます。ですが、仕事が多いなと思うのは、単純に担当世帯数が多いときだけではないでしょう。

　私はケースワーカーになった最初の年に仕事が多いと感じていました。当時はアルコール依存症を抱えているTさんの対応に多くの時間を割いていました。ほぼ毎日のように電話をかけてくるので、1時間、2時間と話を聞くことになりました。また、当時はまだ電卓を叩いて一つひとつ生活保護費を計算しないといけない時代でしたので、収入額が変更になったり、一時扶助を行ったりするときは、その度生活保護手帳を開いて基準額や控除額を確認していました。

　今になって思えば、私が「仕事が多いな」と思った原因は、Tさんの対応や保護費の変更処理で時間が削られていたんだな、と振り返ることができますが、当時は目の前に仕事が積まれて、それをとにかくこなしていくことだけで精一杯でした。

　さて、今まさに「仕事が多くてしんどい」と思っているあなた、そのしんどさ、どこから来ていますか？　「担当している世帯数が多いから」

「目の前に積まれた書類がたくさんあるから」と感じている方は要注意です。その説明しきれない「もやっとしたしんどさ」は、心身に蓄積されてしまいます。

そうならないために大切なのが、弱さを隠さないことです。

✓ 自身のしんどさを吐き出せるようにする

新人ケースワーカーにとっては、「悩みを吐き出すのも仕事」です。ケースワーカーは業務のほとんどが幅広い個人情報を扱うものになることから、同僚以外に仕事の悩みを吐き出せず、1人で抱え込みがちです。そして、そのことを自分のせいと考えてしまいます。

ＳＶや先輩ケースワーカーも経験の浅いケースワーカーの状態には、常に目を向けています。しかし、書類が積まれていて、なんだか大変そうだけれど何につっかえているのかわからないような場合には「手伝おうか？」と声をかけることはできても、仕事のフォローは曖昧なままになってしまいます。その一方で、特定の被保護者に対する悩みや相談は具体的な助言を行いやすく、解決への道が見つけやすいです。

しんどさを蓄積させないためには、名前のない「もやっとしたしんどさ」に名前を付ける、「しんどさの可視化」が必要です。

何に困っていて、どのくらいきつくて、どうすれば解決するか気付くこと、または「解決する方法がわからない」と気付くことが大切です。そういう自分のしんどさを「○○だからつらい、しんどい」と表現できるようになるのが、仕事の多さを解決するための第一歩です。

仕事の多さに悩むあなたへの処方箋

**「仕事が多いからしんどい」で片付けず、
そのしんどさを可視化できるようにしよう**

2 | 「ワークボカンシート」で 仕事量を把握する

✓ 「仕事の店卸し」で自身の仕事量を知る

　仕事が溜まるのは、「仕事量＞担当者の処理能力」といった式で表せそうですが、実はそんな単純ではありません。

　ここでいうケースワーカーの「仕事量」は、もちろん担当ケース（被保護世帯）数ではありません。

　被保護者ごとに抱える課題は違い、例えば面接ひとつとってもAさんとBさんでは話す内容もかかる時間も異なります。もちろん、ケースワーカーの仕事は被保護者との面接だけではありませんし、それぞれの仕事の難しさも違うので、ケース数を確認すれば数値化できるものではないのはわかるかと思います。ですから、100ケースを担当する人よりも、80ケースを担当する人のほうが仕事（量）が多い、なんてことも当然にあり得ます。

　とはいえ、仕事が多すぎると感じているあなたがつまずいている「仕事のつっかえ」を解消するためには、抱えている仕事量を知る必要があります。

　そのためには、「仕事の店卸し」をするとよいでしょう。

　「店卸し」とは、「決算・整理のため、手持ちの商品などを帳簿と引き合わせて、その数量を調べ、価格を計算すること」（『新明解国語事典第八版』三省堂）です。「仕事の店卸し」も単に数量を調べるのではなく、そこから「仕事量」を計算するのが目的です。

✓ 「仕事量」を知るには、まず書き出すこと

では、仕事の店卸しを始めましょう。ですが、あなたには店卸しに必要な帳簿がありません。そこで、まずは仕事を書き出して、仕事を見直すための帳簿にあたるものを自分で作ることから始めましょう。

一定の期間（１日でも１か月でも構わないのですが、ここでは１週間とします）に行ったケースワーカーとしての仕事を書き出してください。月曜日から金曜日まで、出勤から退勤まで、どの時間にどんな仕事をしたかを記録していってもいいですし、それが大変であれば、どんな仕事をどのくらいの時間やったのかを思い出して、箇条書きで書き出していっても構いません。

この際、次の２点のポイントに注意しながら書き出してください。

①仕事はまとめても分けてもよい

定期の家庭訪問を１つの仕事の単位としてまとめても、世帯類型別に別々の仕事として分けても、特定の被保護者の対応を１つの仕事として書き出しても問題ありません。個々の感覚で「これは１つの仕事」と思えばまとめてください。

②緊急対応は書き出さなくてもよい

この作業は、定例的な仕事を確認するためのものなので、突発的に発生した緊急対応は書き出さなくても構いません。

→ 仕事の店卸し書き出し例

● 定期家庭訪問　３時間半
● 訪問記録作成　２時間
● Ｔさんの電話対応　４時間
● 保護変更入力　２時間　　………

✓ 「仕事のつっかえ」は所要時間×負担感でわかる

　たとえ同じ量の同じ仕事であっても、人により所要時間は異なります。

　それは定期家庭訪問の件数、記録の作成件数といった単純には現れない、その**作業を行った人が感じる仕事の難易度**、それに加えて被保護者宅が遠いとか記録の作成項目が多いといった事項も含まれるからです。

　仕事の件数ではなく、仕事の所要時間を比較することで、その人がどんな仕事にどのくらい時間を取られ、どのくらい忙しいのかがわかります。

　さて、これで所要時間がわかっても、それだけで感じている「仕事のつっかえ」が可視化された……とはなりません。「仕事のつっかえ」を知るためには、その仕事にかかる時間の総量に加え、その仕事に取り組む意欲や仕事の「負担感」を知る作業が必要です。

✓ 「ワークボカンシート」を作ってみよう

　先ほど店卸しをして所要時間を書き出した項目の横に、その仕事に感じる「負担感」を５段階評価で書いてください。仕事の難しさではなく、楽か大変か、好きか嫌いかといったという評価です。その仕事が「楽／余裕／好き」なら１、「見たくもない／キツい／やりたくないくらい嫌い」なら５、といった感じです。

　書けたら、所要時間と今書いた１から５の数字をかけ算して余白に書いてください。２時間半の仕事で５段階評価が３なら、2.5×3＝7.5と書きます。その数値があなたの仕事のつっかえ度、放置するとボカンと爆発してしまう「ワークボカン値」で、そして、これを整理した表が「ワークボカンシート」です。

　所要時間が短い仕事でも、負担感が強い仕事はワークボカン値が高くなります。仕事量で考えると、「長い時間がかかっている仕事をどうに

かしないと」と思ってしまいますが、実際はワークボカン値の高い仕事に対処することが大切です。

所要時間×負担感でワークボカン値を算出することで、どの仕事が「仕事のつっかえ」なのかが見えるようになります。

→ ワークボカンシート

仕事・作業名	所要時間	負担感	WB値	重要度	緊急度	分類	優先度
定期家庭訪問	3.5	3	10.5	高	低	B	1
訪問記録作成	2.0	3	6.0	高	低	B	2
Tさんの電話対応	4.0	5	20.0	低	低	D	－

「仕事のつっかえ」がわかる「ワークボカンシート」をダウンロード

http://www.gakuyo.co.jp/book/b625397.html

※学陽書房のホームページに飛びます

✓ ワークボカン値を算出してわかること

ワークボカン値の算出でわかることは2つあります。

ひとつは「多い」とぼんやりと感じている仕事の総量、もうひとつが「しんどい、キツい」とぼんやりと感じている仕事の重さ、質です。

こうやって「仕事のつっかえ」を量と質で可視化することで、それを解消するために取り組むべき方向が見えてきます。

なぜか仕事が溜まってしまうあなたへの処方箋

ワークボカンシートで、
抱える仕事の量と質を可視化する

3 | ボカンと爆発させない ための対処法

✓ どこから対処する？

　仕事のつっかえどころが、量と質で可視化されると、ようやく個々の問題に取り組むことができます。ワークボカン値の高いものが仕事を圧迫しているので、そこから順に取り組みたいものですが、そうできないからこそ高いともいえます。

　結論からいうと、ワークボカンシートに挙げた仕事はどこから片付けても構いません。やりやすいところから手を付けるのが取っ付きやすいですし、そこに対処すれば、抱えている仕事がどのくらい楽になるのかがわかっているので、取り組みにも集中できると思います。

　ですが、やはり何か指針があればいいなという方は、「時間管理のマトリクス」を使って優先度を付けましょう。

✓ 時間管理のマトリクスで優先度を整理する

　「時間管理のマトリクス」は、『７つの習慣』（フランクリン・コヴィー・ジャパン翻訳、キングベアー出版、2013年）という書籍を書いたスティーブン・リチャーズ・コヴィーが提唱した、仕事を重要度と緊急度の２つの軸で分類し、仕事の優先度を整理する方法です。

　ワークボカンシートに挙げた仕事を改めて、重要度、緊急度の高い、低いで仕分けると次の４つに分類できます。

→ 時間管理のマトリクスと業務分類の参考例

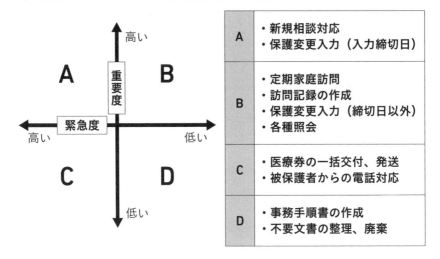

A	・新規相談対応 ・保護変更入力（入力締切日）
B	・定期家庭訪問 ・訪問記録の作成 ・保護変更入力（締切日以外） ・各種照会
C	・医療券の一括交付、発送 ・被保護者からの電話対応
D	・事務手順書の作成 ・不要文書の整理、廃棄

　A～Dのそれぞれの意味合いは次のとおりです。人によっては上の表のBに挙げているものがAやCになることもあります。

A．緊急対応（重要度高・緊急度高）

　ワークボカンシートでは「緊急対応」は書き出さなくてよいということにしているので、ここに多くの仕事が挙げられているケースは、あまり想定していません。

　もしもここに多くの仕事が挙がっている場合は、すぐにヘルプを出したほうがよいでしょう（**7-7**参照）。

B．効果的業務（重要度高・緊急度低）

　ワークボカンシートに書かれる仕事の多くは、ここに含まれると思います。どうしてもやらなきゃいけないけれど、必ずしも今、今日・明日にやらないといけない仕事ではありません。

　しかし、ここに分類される仕事は、溜まってくるとボカンと爆発してしまう危険度の高い仕事なので、できる限り早く対処しましょう。

Ｃ．即効性業務（重要度低・緊急度高）

　ここにもいくつかの仕事が含まれます。締切がある仕事などは、急いでやらないと急かされるので、重要度が高くないにもかかわらず、ついついここを最優先で行ってしまいがちです。重要度が低いのでＣは「見せかけの領域」とも言われますが、ここの効率を上げると爆発する危険性を大幅に減らすことができるので、積極的に対処するとよいと思います。

Ｄ．余剰業務（重要度低・緊急度低）

　ここに分類される仕事は、本音をいえばやめてもよい仕事です。

　ですがワークボカンシートに書き出しているということは、あなたにとっては、簡単にはやめられない仕事になるのだろうと思います。ですから、今のところは「余剰業務」として、優先順位の低い仕事だと理解していれば大丈夫です。

✓ 改善効果の高いところに手を付ける

　Ａ〜Ｄの４分類ができたら、次のように取り組みましょう。

　まず、Ｄの仕事はＡ〜Ｃの仕事が終わるまでは、自分の頭から完全に除外してしまって構いません。ここに時間をかけて仕事をしても、「仕事のつっかえ」は解消しないと思われます。負担を減らすために力を注いでもそれ以上にＡ〜Ｃの仕事の重みが増すばかりです。極端にいえば、Ａ〜Ｃの仕事で自分のキャパシティを超えるようであれば、やらなくても構わないと割り切ってください。

　Ａの仕事は「緊急対応」のとおり、ここに仕事があれば、残念ながら最優先で行わざるを得ません。ただ、「本当にＡに置くべき仕事なのか？」は常に考えてください。ＢやＣの仕事にできそうであれば、ＢやＣに移して、残ったＡの仕事に集中してください。

　緊急対応は、対応する人の実力が求められます。新人ケースワーカー

でその対応方法がわからない、できないときは、躊躇なく周囲の人に助けを求めましょう。力が足りないことを嘆いても始まりませんが、ケースワーカーとして経験を積み、総合的な能力を伸ばしていけば、慌てずに対応できるようになっていきます。

　さて、残ったB、Cの仕事ですが、どこから取り組めばよいか悩むのであれば、Bのワークボカン値の高いところから取り組んでいくのがよいでしょう。Bの仕事はケースワーカーの仕事の中心分野が入ってくることが多いです。家庭訪問、面接、保護記録の書き方などCHAPTER 2 ～ 6で紹介したような仕事は、ここに入ってくることでしょう。ワークボカン値の高い仕事は、自分自身が負担を感じているところ、苦手なところなので、その仕事をうまくできるようになると、仕事のつっかえが解消することが多いです。先輩ケースワーカーの仕事の仕方を見たり、聞いたりして、この部分の仕事の改善に取り組みましょう。

　CはBよりも優先順位が低いのですが、専門性を問われる仕事よりも効率性を求められるものがここに分類される傾向があります。事務職で、他の部署で大量の事務処理などをこなした経験のある人なら、BよりもCに分類される事務処理のほうが、負担が少なく、相対的にワークボカン値も低くなることがあります。その一方で、ワークボカン値が低いにもかかわらず所要時間が長い場合は、非効率な仕事を続けていることになるので、ここを改善すると仕事を減らす可能性が高まります。このCの分類の改善方法は次項から紹介します。

ボカンと爆発しそうなあなたへの処方箋

優先度を付けて、すぐに爆発しそうな仕事から対処する

4 | 溜めても積まない。積んでしまうと困ること

✓ 積むから仕事が遅くなる

　机の上に保護記録（ケースファイル）の冊子や書類などを積んでいる様子をよく見かけます。自分の手の届く範囲に自分の仕事を置いておくのは、決して悪いことではありませんが、デスクトレーなどを使って記録や書類を上へ積むのはあまりおすすめできません。

　デスクトレーを使って仕事を整理しようとすると、新しく受け取った書類などは一番上に積まれます。すぐに処理をして、常にデスクトレーが空になっていればよいのですが、多くの場合、空になる前にどんどん新しい仕事が上に積まれてしまいます。ケースワーカーの場合、家庭訪問など席を外すことも多いので、不在時に被保護者から提出されたものやちょっとした回覧文書もここに積み重ねられます。

　そうして、気が付くとデスクトレーに置かれた書類や冊子は「地層化」します。地層化すると、次のような問題が発生します。

①優先順位が曖昧になり、仕事が遅延する

　5センチ、10センチと地層化が進むと、下のものを処理するのが難しくなり、上に積まれた新しい地層から処理を進めることが多くなります。処理をしている途中でも新しい書類が積まれるので、次第に仕事の優先順位は曖昧になってしまいます。

　その結果、先に出された書類が、古い地層で残ったまま処理されない事態が起こり、事務の遅延が発生します。

②書類を紛失するリスクが高くなる

　デスクトレーに積まれる書類は、地層化すると紛失する危険性が高まります。書類がどんどん積まれると、地層の境目がわからなくなります。他の書類と一緒に関係のないところに保管されてしまうと、もう探しようがありません。

✓ 地層化せずに立てて並べる

　こういった事態を避けるため、処理する書類などは地層化せずに、立てて見えるようにするのがおすすめです。デスクトレーの代わりにファイルボックスを用意して、クリアホルダーなどに入れた書類をこの中に立てて並べましょう。

→デスクトレーとファイルボックスの違い

　積んで地層化してしまうと、下の地層にある書類を探したり、引き出したりするのが大変ですが、立てるとそんな心配もなくなります。書類を並び替えて「右から処理していく。書類の提出があれば左側に入れる」など優先順位のルールを決めると効率よく仕事を進めることができます。

なぜか仕事が片付かないあなたへの処方箋

書類を積まずに立てれば、
仕事はスムーズに進む

5 | あなたがいないときでも 仕事は進められる

✓ 不在表示を忘れずに残す

　家庭訪問などでしばらく自身の席を離れるとき、どうしていますか？

　ホワイトボードに行き先を書いたり、今だと、Outlookやグループウェアでそれぞれのスケジュールを共有したりしているでしょうか。ケースワーカーは家庭訪問や関連施設に行くなどで自席を離れることが比較的多い仕事です。帰ってくると机の上にペタペタとメモが貼ってあって、約束なしに来庁した方の対応など、外出中に仕事が増えてしまうこともしばしばあります。

　そこで、帰ってきた後の仕事を少しだけ楽にするために、自身の机の上にも不在表示をしておくことを提案します。

　硬質クリアホルダーに簡単なテンプレートを挟んで、行き先、目的・内容、帰庁予定時刻を書いて見えやすいところに立てておきます。右頁の写真は外出時の例ですが、休暇時や庁内の別の場所にいるときのテンプレートもあるとよいでしょう。

　不在表示だけならばホワイトボードと変わりませんが、ここで大切なのが、不在時の対応を合わせて書いておいておくことです。特定の被保護者が来庁したとき、電話がかかってきたときに「こう対応してほしい」ということも表示しておけば、不在時に同僚がうまく対応してくれるでしょう。また 5 − 4 で紹介した付箋紙を活用して、「不在時に何かあれば、保護台帳の表紙裏の付箋を確認してください」と書いておく方法も有効です。

→ 不在表示の例

✓ コントロールできない時間を使うと楽になる

　自身の不在時に起こることはコントロールできませんが、この方法を使えば、緩やかに仕事を進めることができます。帰宅時に「何かわからないけど○○さんが来ていたよ」と聞くのと、「○○さん、メモに書いてあった△△の書類、書いてもらったよ」と対応してもらえているのでは、後者のほうがその後の仕事が楽になります。

　もちろん、全てをコントロールできるわけではありませんが、同僚に心理的な負担感を与えずに、自身が望む対応をしてもらえる方法なので、ご活用ください。

不在時に仕事が溜まって困るあなたへの処方箋

不在表示と緩やかな依頼で
不在時にも仕事を進める

6 | オンの仕事とオフの 仕事を意識する

✓ 意識的に「オフの仕事」を考える

　1日の就業時間で、どのくらい休憩を取れていますか？　昼休み以外は目一杯仕事をしていて休憩をしている自分の姿を思い出せないという方は、少し働き方を見直したほうがよいかもしれません。

　7－2で紹介したワークボカンシートで見つけたあなたの「仕事のつっかえ」を解消するためには、どうすればよいかを考える時間が必要です。

　仕事には、決められた仕事をしっかりとやる時間だけではなく、仕事を見つめ直す時間が必要です。私はこれを「スイッチを切り替える」という意味で前者を「オンの仕事」、後者を「オフの仕事」と言っています。

　「オフの仕事」は、「オンの仕事」と違ってあらかじめ与えられる仕事ではなく「オンの仕事」で生じている問題の解決策を考える時間としていますが、実のところ、そこまで仰々しいものではありません。

　「オンの仕事」から離れて、心身を休める時間という意味も込めてオフと呼んでいます。とはいえ、あくまで「オフの<u>仕事</u>」の時間ですから、単に休憩しようというわけではありません。

　アメリカのGoogle社には、かつて「20%ルール」と呼ばれる制度がありました。自身の担当業務以外のことに業務時間の20%をあてて、新しいことに取り組んでもよいというものです。

　この20%ルールのように、「オンの仕事」にずっと集中しているのではなく、意図的に「オフの仕事」の時間を作りましょう。

✔ 毎回の10秒の短縮のために1時間を使う

「オフの仕事」の時間は、決められた仕事の時間ではないので、自分で決めることができます。私は概ね午前と午後の30分間をこの時間にあてると決めています。席を離れてコーヒーを入れてきて、「オンの仕事」の書類は一旦脇によけて、市に関する新聞記事を読んだり、自身が受講した研修資料を眺めてみたり、自分用の作業マニュアルを作ったりしているのですが、必ずしもすぐに「オンの仕事」に活かされなくても構いません。

「仕事のつっかえ」の解消法を考えるには、こんな「オフの仕事」の時間が最適です。目の前の仕事だけでいっぱい

→「オフの仕事」を入れた
1日のスケジュール例

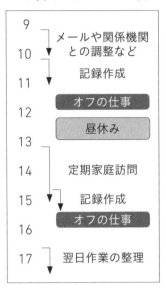

いっぱいの状態ではアイデアも浮かびません。そして、このとき意識してほしいのが「10秒の短縮のために1時間使う」ということです。「仕事のつっかえ」を万事解消するアイデアを考えるのではなく、「これをやれば少し楽になるんじゃない？」と思うようなアイデアを考えましょう。

「オフの仕事」の時間をあえて作ることで、「オンの仕事」をする時間とのメリハリがつき、仕事の効率も上がります。

仕事の減らし方がわからないあなたへの処方箋

「オフの仕事」の時間を意図的に作って、
10秒短縮できるアイデアを生もう

7 | ヘルプ！ それでも仕事が溜まるときの声のあげ方

✓ 自分自身が元気でないとケースワーカーは務まらない

　色々と工夫をして頑張っても、どうしても仕事が片付かない。そんなときは、迷わず助けを求めましょう。与えられた仕事を全て完璧にこなせなくても、ケースワーカー個人が気に病むことはありません。

　むしろ大切なのは、ケースワーカー自身が元気な状態で、最高の仕事をするにはどうすればよいかを考えて行動することです。様々な問題を抱えている被保護者を援助するときに、ケースワーカーが自分の悩みで手一杯という状態では役に立ちません。

　生活保護を申請する人の増減や社会情勢の影響など、ケースワーカーの仕事量は、自身でコントロールできないことがほとんどです。ですから、思ったとおりの仕事ができないときは、まずはSVに相談しましょう。

✓ 助けを求めるタイミング

　ちょっとした仕事の遅れや、「これくらいなら」と思って問題をそのままにすると助けを求めるタイミングを逃してしまいます。ある程度、機械的に「このラインを超えてしまうなら助けを求める」という基準をあらかじめ作っておくと余計なことを考えずに済みます。

　例えば、担当する被保護世帯が100世帯を超えたとき、机の上に置いたファイルボックス（**7－4**参照）に書類が収まらない状況が3日以

上続いたとき、ワークボカンシート（**7－2**参照）のワークボカン値が○を超えたとき、といった具合です。

　こういった行動基準は、苦手な仕事をこなすときのシンプルな対処方法です。仕事の悩みを溜め込まないようにしましょう。

✓ 優先順位をSVに相談する

　ＳＶに相談するときは、ワークボカンシートを活用するのがよいでしょう。そこにはあなたが抱えている仕事量と負担感が書かれています。仕事量は外から見てもわかりますが、その仕事をどれくらい負担に思っているかはＳＶであっても把握することはなかなか難しいです。ワークボカン値の高い仕事について、率直に「○○の部分がしんどい（苦手だ）」と伝え、相談相手にどこの部分を対処してほしいのかを明らかにするようにしましょう。

　このときＳＶが注意したいのは、単にその仕事をやめたり、他のケースワーカーに担当させたりという解決を図るのではなく、優先順位を決めて仕事の方向性を明らかにするということです。

　家庭訪問であれば、あくまでも訪問回数にこだわって１回あたりの面接時間を減らすのか、訪問回数は達成しなくとも助言・指導が必要な世帯に絞るのかといった感じです。仕事量を減らすのか、負担感を減らすのかで悩むときは、負担感を減らす方向で解決を図りましょう。負担感を減らすことで、仕事の質を高め、仕事ができるという自信に繋がります。

> **それでも仕事が楽にならないあなたへの処方箋**
>
> ### 仕事が片付かないことを抱え込まず、
> ### どう解決するかを相談する

7 ケースワーカーとSVが元気で仕事できるように

　CHAPTER7の仕事効率化のお話は、ケースワーカーだけでなくSVでも使えるようにと思いながら書いたので、ぜひ参考にしていただければ嬉しいです。

　7－7では、バーンアウト寸前のケースワーカーに向けてヘルプの出し方を紹介していますが、そんな相談を受けたら、SVはどうすればよいでしょうか？

　まずは、普段使用している面接室ではなく、できれば執務スペースから離れた会議室などを取って、ケースワーカーの話を聞く時間を作ってください。本書ではワークボカンシートを活用していますが、大切なのは「何がケースワーカーの負担になっているのか？」です。仕事の量なのか、特定の被保護者との関係なのか、職場環境なのか、ケースワーカーが本当に負担に思っていることを聞き取って、量を減らすことよりも負担を減らすことに力を注いであげてください。

　SV自身も悩むときもあるでしょう。SVは周りに同じ仕事をする人も少ないので、課内では相談できる人は限られてくると思います。3－2で専門職との関わりを深めることで、被保護者への支援の手を増やすことを紹介しましたが、これはSVでも同じです。査察指導員研修会や自主的に開催されている生活保護やその他福祉施策の勉強会など、他の自治体のSVや関係者と知り合える機会は積極的に活用して相談できるネットワークを広げてほしいと思います。ケースワーカーもSVもひとりで抱えず、負担を減らすことを大切にしましょう。

ひとくちmemo
ケースワーカー、SVともに負担を減らすことに力を注ぐ

CHAPTER **8**

ケースワーカー、スーパーバイザーの相談室

1 保護費の前借りを相談 されたらどうしますか?

> お金を貸してほしいと、保護費の前借りを月末に相談されました。「そんなことはできない」と断ったのですが、食べるものもないと訴えられるとどう対処したらよいか困ります。

✓ 生活保護費は貸し借りできない

　私がケースワーカーだったときにもこういった相談が頻繁にありました。概ね特定の被保護者で、支給日の数日前くらいになると「お金が足りない」と言い、面接室に居座って、断っても帰らないので本当に困りました。

　当然ですが、生活保護費の前借りや追加支給はできません。また、少額だからといって職員が私費で立て替えたり貸し付けたりすることは絶対にやってはいけません。

　とはいえ、「食べるものもない」などと訴える被保護者に対して「できない」の一点張りでは解決できないので苦しいところです。

　こういったとき、全面的に解決するのは難しいのですが、次の生活保護費の支給日までの間、命を繋ぐために最小限必要なことは何かを聞き取り、そこにのみ対処するようにフォーカスを絞りましょう。

✓ 当座の問題に対処する

　こういう事例は、ある種「災害」のように突発的な対応が必要なもの

です。ケースワーカー1人で抱え込まないで、SVにも相談し、できる限り福祉事務所の対応として複数人で対応しましょう。

「食べるものがない」といった命に関わる相談は無視できません。この場合、臨時で家庭訪問を行うなど実体を把握し、最低限必要な食料を提供するための方策を考えます。「フードバンク」など困窮者の支援活動団体の協力を得たり、事前に庁内で調整ができていたりすれば、災害備蓄物資で消費期限が近くなり啓発物資として提供可能なものなどを流用します。

また、電気、ガス、水道などライフラインの停止の恐れがある場合も、ケースワーカーが企業と料金納付の延期などの交渉を行います。対応が難しい場合は、施設保護などの対応を取らざるを得ません。

✓ 普段の行動を変える策を考える

こういった被保護者の場合、繰り返して同じ事態に至ることが想定されます。「普段からしっかり金銭管理をするように」と指導しても改善は難しいです。複数回、保護費の前借りにくる被保護者に対しては、社会福祉協議会で行っている「日常生活自立支援事業」を利用して、大枠の金銭管理を他者に任せるよう助言するなど、できる限り本人の行動変容を促しましょう。それでも難しいときは、被保護者のみでの居宅生活は困難と判断できるので、救護施設等での施設保護を検討しましょう。

前借りの相談で困ったあなたへの処方箋

ケースワーカー1人で対応しない。
福祉事務所全体の問題としてあらかじめ方策を考えておく

2 | 家庭訪問は事前に日程調整すべきですか？

定期の家庭訪問は、被保護者と日程を調整するべきでしょうか？
行く日を決めていくと、普段の生活状況が見られないのではないで
すか？

✓ 不在時の二度手間を回避したほうがよい

　私は被保護者の普段の状況を観察したいため、あまり家庭訪問の日程
調整をしていませんでした。ですが、10年くらい続けていて、途中で「こ
れはあまり意味がないな」と思うようになりました。

　約束して家庭訪問を行った場合、被保護者はその日に合わせて部屋を
片付けたりするかもしれません。その状態は、普段の生活状況ではない
のかもしれませんが、それには援助方針が大きく変わるほどの差がある
でしょうか？　CHAPTER 5で紹介したとおり、家庭訪問時に見るべ
きこと、聞くべきことは多岐にわたります。被保護者が片付け忘れたも
のや変化に気付くかも知れません。

　日程調整せず家庭訪問をして不在だった場合、定期家庭訪問をした回
数にカウントされず、再度、家庭訪問をしないといけません。多くの被
保護世帯を担当しているケースワーカーにとっては、その二度手間を回
避して、見るべきこと、聞くべきことに集中したほうがよいでしょう。

✓ 定期と臨時の家庭訪問を使い分ける

　では、全ての被保護者に約束をして訪問日時を決めたほうがよいかというとそれも違います。定期の家庭訪問とは違って、必要に応じて行う臨時の家庭訪問は、あらかじめ約束をしないこともあってよいでしょう。

　例えば、居住実態が疑われる被保護者の場合などは、事前に訪問日程がわかっていると、そのときだけ、その家にやってきてケースワーカーを迎えることになります。このような場合には定期の家庭訪問とは別に、臨時の家庭訪問をすることで、本当にそこで暮らしているのかなど、「普段の（住居の）状況」を確認することができます。電気・ガス・水道などのライフラインの使用状況や、郵便受けのチラシの溜まり具合など、被保護者の不在時にしかわからない違いを見つけておけば、適正な保護の実施に役立ちます。

　訪問の目的が違うと、すべきことも違ってきます。日程調整すべきか、そうでないかも目的によって違います。

✓ ケースワーカーも被保護者も負担が少ないほうがよい

　定期家庭訪問の目的は生活状況の「把握」であって「監視」ではありません。日程調整のない家庭訪問はどうしても監視と取られる可能性があります。目的を持って行う定期家庭訪問は、ケースワーカー、被保護者双方の心身の負担が少なくて済む方法を取りましょう。こうしたことを考えると、日程調整をしたほうがよいのではないでしょうか。

> **家庭訪問の日程調整が必要か悩むあなたへの処方箋**
>
> ### 定期家庭訪問は日程調整をしたほうが
> ### ケースワーカーも被保護者も心身の負担が減る

3 | 「水際作戦」って何ですか?

生活保護の申請に来所された方（相談者）に、制度の説明をしていたら、「水際作戦をするな」と言われました。「水際作戦」って何ですか?

✓ 「水際作戦」とは生活保護申請の阻害行為

　生活保護は「要件を満たす限り」「無差別平等に受けることができる」（法第2条）国民の権利です。生活保護を申請する行為は誰にでもあり、申請があった場合、福祉事務所は原則14日以内（最大で30日以内）に保護の要否を決定しなければなりません（法第24条第5項）。

　一般に「水際作戦」とは、この申請行為を阻害する福祉事務所の行為とされています。例えば、「年齢が若いから保護を受けずに仕事をすべき」「親族から金銭援助をもらえれば生活ができる」といった言動により、申請書類を交付しない、受け取らないといった対応がこれにあたります。

　制度の説明をしているだけなのに「水際作戦」と言われるのは不本意かもしれませんが、来所する方はそれだけ切羽詰まっているのでしょう。

✓ 制度説明時に「水際作戦」と言われないためには

　相談者に「水際作戦」と言われないためには、相談者の意図をくみ取って対応する必要があります。「申請書を書かせてほしい」という方には、とりあえず書くだけであれば、先に申請書を書いてもらっても構いませ

ん。申請書を書きさえすれば、そういった方は「とにかく申請させてほしい」という気持ちも落ち着きます。

そのうえで制度の説明に入れば、こちらの意図も伝えやすくなります。さらに申請理由を尋ねることで、相談者が利用すべき制度が生活保護なのか、他法他施策の活用ができるのかも判断することができます。

その後、改めて申請の意思を確認して申請書類を受理すればよいですし、他の施策が適当であれば、そのご案内をしたうえで申請書類をお返しすればよいでしょう。

その際、生活保護の申請はいつでもできることを説明しましょう。

✓ 「とにかく申請を出す」は相談者のためにならない

生活保護という制度があるということを知ってもらうことは大切です。ですが、生活に困った方に「役所に水際作戦を取られないために、とにかく申請書を出す」ことだけを周りがアドバイスするのは、実はあまり相談者のためになりません。

申請が受理された場合、原則14日以内とはいえ、審査を行う必要があります。もしも、要件を満たさず生活保護が却下になってしまった場合、相談者はこの間、正しいアドバイスがあればできたはずの時間をロスすることになります。「生活保護を申請する」ことだけが目的になってしまうのでは本末転倒です。相談を受けるケースワーカーも、「水際作戦」と言われないためにも、相談者の思いをくみ取りつつ、何が最も相談者のためになるかを考えて面接しましょう。

水際作戦と言われて焦ったあなたへの処方箋

**申請書を書いてもらうことは拒まない。
相談者のためになるのは何かを考える**

4 | 他市から引っ越してきた 被保護者への対応は？

他市の福祉事務所から、被保護者が私の担当する地区に引っ越して
くると連絡がありました。どう対応すればよいですか？

✓ 実施責任は原則、居住する場所の福祉事務所

被保護者の生活保護をどこの福祉事務所（実施機関）が担当するか（実
施責任）は、原則として被保護者の居住地、現在地を所管する福祉事務
所と定められています（［次］第2）。

そのため、被保護者が何らかの理由で住所を移した場合、転居後の居
住地を所管する福祉事務所に実施責任が移ります（移管）。ただし、養
護老人ホームのような施設に入る場合は入所前の居住地を所管する実施
機関が担当するので、実施責任がどちらにあるかはよく確認しましょ
う。

移管する場合、被保護者は引き続き生活保護を必要としているので、
転居前の福祉事務所での保護は廃止し、転居後の福祉事務所で保護を開
始します。そのため、通常の保護開始時と同じように、申請書類の提出
や審査、保護決定などの手続きが必要になります。

✓ 移管する月の生活保護費に注意

被保護世帯の移管にあたっては、転居当月の生活保護費の取扱いに注
意が必要です。通常であれば、生活保護の決定は申請日より行います

が、移管時には当月分の生活保護費は転居前の福祉事務所で支給されています。通常、月の途中で保護が廃止になった場合、生活扶助は日割りで返還する必要がありますが、移管の場合、月の途中で転居しても返還を免除（法第80条）していることが多いかと思います。

この場合、転居後の福祉事務所ではその月の生活扶助・住宅扶助は支給済みとして適用せず、医療扶助や介護扶助など必要になる扶助のみで保護を開始します。

同一都道府県内では、転居時に移管日をいつにするのか、当月分の生活保護費の取扱いをどうするのかを決めているところもありますので、移管時の事務の取扱いはよく確認しておきましょう。

✓ 被保護者のことを考えてスムーズな移管をしよう

被保護者の移管は担当する福祉事務所、ケースワーカーが変わることから、被保護者への援助方針や保護決定の判断、事務処理方法などの違いを巡ってトラブルになりやすい傾向があります。

移管においては、受け入れ側のケースワーカーだけでなく、送り出す側のケースワーカーも注意が必要です。自身の担当から外れるからと、転居後の申請手続きを被保護者に説明しなかったり、新しい福祉事務所に被保護者の情報を提供するのを後回しにしてしまったりすることがあると、受け入れ側のケースワーカーがスムーズに生活保護を開始できません。福祉事務所は違ってもお互い同じ仕事をするケースワーカーです。情報を共有してスムーズな移管を心がけましょう。

移管時の対応が不安なあなたへの処方箋

スムーズに生活保護を継続できるよう、福祉事務所、ケースワーカー間で連携しよう

5 | 面接に第三者の同席を 求められたら？

被保護者の友人という人が「面接に同席させてほしい」と言っています。家族など関係者でもない人を面接に同席させてもよいのでしょうか？

✓ 相談者（被保護者）が認めるなら同席してもよい

　生活保護の申請時や福祉事務所への来所を指示したときの面接時に、第三者の同席を求められることがあります。家族や友人、弁護士や支援団体の支援者など、相談者（被保護者）との関係は様々ですが、基本的には本人の同意があれば、面接に同席していただいても構いません。

　ひとりでは自身が困っていることをうまく話せなかったり、ケースワーカーからの説明を理解するのが難しいような方に対して、相談者をよく知る協力者が面接に同席することで、面接をよりよく進めることを期待できます。

　ただ、相談者との面接内容は生活保護の制度上の話題にとどまらず、プライベートな生活面全般に及ぶこともあります。被保護者のプライバシーに十分配慮して、大丈夫かなと思っても、話す前にできる限り相談者本人に同意を取るようにしましょう。

✓ 相談者本人の意志確認を忘れない

　面接に同席する協力者は、大半は善意で相談者に付いてきてくれてい

ます。しかし、時には相談者を置いてけぼりに、憶測で相談者の思いを話したり、ケースワーカーに色々な要求をしたりする方もいます。また、協力者が生活保護制度に詳しいときは、ケースワーカーと協力者の会話が専門的になりすぎて、相談者がその内容を理解できないこともあります。これでは相談者本人の意志を拾うことができないでしょう。

　そうならないためにも、「○○さんは、こういうふうに言っておられますけど、間違いありませんか？」と、丁寧に相談者の意思確認を行い、あくまでも相談者のための面接であることを意識して会話を進めましょう。また、相談者本人と話したこと、同席した協力者と話したことは、それぞれ分けて記録にしましょう。ケースワーカー１人では同席する協力者の対応で精一杯だと思うときは、ＳＶにも面接に同席してもらい、相談者本人への説明をサポートしてもらうのもよいでしょう。

　特に注意したいのは、生活保護の申請などをこういった協力者が代理人として代行する場合です。保護申請は本人の意思に基づくことが大原則となっており、代理人の判断で行うものではありません（［別冊問答集］問９－２）。申請書類の代筆や申請書類を使者として代理で提出するような行為とは分けて、相談者本人の意思確認を徹底しましょう。

　第三者が面接に同席することでケースワーカーも構えて対応してしまいがちですが、基本的には普段の面接とすべきことに変わりはありません。同席された協力者と良好な関係を築いて面接を進めましょう。

面接者の対応に困ったあなたへの処方箋

相談者本人を中心に置いて、 いつもと変わらない面接を進めよう

6 障害者加算が よくわかりません……

> 障害者加算の認定をしたら、ＳＶから「この人はまだ認定ができないよ」と言われました。障害等級２級の精神障害者保健福祉手帳を持っているのですが、なぜ認定できないのかわかりません。

✓ 身体障害者以外の障害者加算認定は注意が必要

　障害者加算の認定は、他の加算と比べて認定要件が複雑で間違えやすい加算です。この機会にしっかりと学びましょう。

　障害者加算は２段階の基準額（ア 26,810円、イ 17,870円／令和４年度基準、１級地の在宅者の場合）が定められていますが、認定要件は次のとおりです。

■障害者加算の認定要件（[告] 別表第１第２章－２－（２））

① 身体障害者福祉法施行規則別表第５号に掲げる身体障害者障害程度等級表の（ア）１・２級（イ）３級に該当する障害のある者

② 国民年金法施行令別表に定める（ア）１級、（イ）２級のいずれかに該当する障害のある者（病状が固定している者及び病状が固定してはいないが障害の原因となった傷病について初めて医師または歯科医師の診療を受けた後１年６月を経過した者に限る。）

　身体障害者は①②どちらかの要件で、精神障害者、知的障害者は②の要件のみで障害者加算を認定します。そのため、身体障害者は障害等級

が1 〜 3級の身体障害者手帳を所持していれば①の要件に該当します。しかし、精神障害者、知的障害者の場合は障害者手帳を持っているというだけでは②の要件に該当するかどうかわからず、障害者加算を認定することはできません。

それぞれ、次のとおり確認して正しく障害者加算を認定しましょう。

✓ 身体障害者の加算認定のチェックポイント

身体障害者は、被保護者が所持する障害者手帳を確認し障害者加算を認定します。また、障害年金を受給しており、障害者手帳と等級が異なる場合は、どちらか重いほうを選択します（障害年金2級、身体障害者手帳2級の場合は後者を選択し加算アを認定）。

身体障害は症状の固定後に指定医によって作成された診断書に基づいて障害の程度を認定しているため、障害者手帳の有効期間が定められていません。状態の変化で障害等級の再認定がない限りは、一度加算の認定をすれば変更することはまれです。

身体障害者手帳

1・2級	3級	4 〜 6級
加算ア	加算イ	非該当

重 ←――――― 程度 ―――――→ 軽

程度の重いほうを選択

障害年金

1級	2級	3級*
加算ア	加算イ	非該当

重 ←――――― 程度 ―――――→ 軽

＊障害年金3級は障害厚生年金のみ

✓ 精神障害者の加算認定のチェックポイント

精神障害者の障害者加算の認定は、次の3点を確認しましょう。

☑ **障害年金を受給しているか？**

年金を受給している場合は、その等級が優先されます。

☑ **精神障害者保健福祉手帳の障害者等級が1級、2級のいずれかに該当しているか？**

☑ **障害の原因の傷病は初診日から1年6か月が経過しているか？**

精神障害者保健福祉手帳は初診後6か月以降で申請が可能なため、初めて手帳を取ったという被保護者については、初診日がいつかを確認します。人によっては、何度か通院先を変えていることもあるので、初診を受けた当時の通院先に確認を取りましょう。

障害年金

1級	2級	3級*
加算ア	加算イ	非該当

重 ◄──────── 程度 ────────► 軽

*障害年金3級は障害厚生年金のみ

障害年金を受給しておらず、
初診日より1年6か月経過（経過していない場合は非該当）

精神障害者保健福祉手帳

1級	2級	3級
加算ア	加算イ	非該当

重 ◄──────── 程度 ────────► 軽

障害の程度の判定は、原則として身体障害者手帳、国民年金証書、特別児童扶養手当証書又は福祉手当認定通知書により行うこと（[局] 第

7－2－（2）－エ－（ア））とされているので、精神障害者保健福祉手帳による認定（同（イ））は暫定的な認定です。そのため、障害年金の受給権があるかを確認し、最終的には障害年金の等級で障害者加算を確定させる必要があります。

また、症状が固定している身体障害と異なり、治療継続により回復が見込まれることもある精神障害は、2年に一度の認定更新があります。そのため、更新のたびに等級が変わっていないか注意が必要です。

✓ 知的障害者の加算認定のチェックポイント

知的障害者の障害者加算は、療育手帳の障害等級では障害者加算の認定ができません。そのため、障害年金の受給権、精神障害者保健福祉手帳の認定可否（精神障害者の障害者加算認定時のチェックポイント参照）や、特別児童扶養手当を養育者が受給しているかを確認して、障害者加算を認定します。

この際、特別児童扶養手当の収入認定は養育者（親）に行い、障害者加算は障害を抱える本人（子）に認定します。

特別児童扶養手当（障害を持つ本人ではなく養育者が受給）

1級	2級
加算ア	加算イ

重 ◀──── 程度 ────▶ 軽

障害者加算の認定があいまいなあなたへの処方箋

障害者加算は障害等級に注意。
精神疾患は初診日からの経過日数も確認する

7 | 辞退による保護廃止は 何に注意すべき？

「生活保護を辞退します」とだけ書かれた辞退届が送られてきました。この届をもって生活保護を廃止してもよいものでしょうか？

✓ 生活保護の廃止は格段の注意が必要

生活保護の廃止で一番注意が必要なのが、被保護者から辞退の意思が示されたときです。仕事に就くなどして世帯の収入が増えた場合や、管轄外に転居する場合など、保護を廃止した後の動向が明らかであれば問題ありません。しかし、被保護者は、元々は最低限度の生活が満たされないため生活保護を適用されています。被保護者から辞退届が提出されたからといって、即、保護廃止の処理を進めるというのは危険です。

生活保護を受ける原因になった事柄が解消されていなければ、短期間での生活保護の再申請に至ることが考えられますし、生活保護費という収入が途絶し、食べるものや住むところを失えば命の危険も想定されます。

生活保護の辞退は、「被保護者本人の任意かつ真摯な意思によるものか」（平成12年10月25日社援第2393号「生活保護法施行事務監査の実施について」）を十分に確認する必要があります。

「辞退届」の様式を用意して、そこに記入してもらえば保護を廃止するといった取扱いでは本人の意思確認が不十分です。直接の意思確認や説明など、手順を踏んで対応しましょう。

✓ トラブルの元にならないように意思確認を行う

　今回のご相談のように手紙や封書で送られてきたり、電話で「保護を辞退したい」と言われたりした場合など、具体的な意思確認ができていないときは、まずは被保護者本人に福祉事務所への来所を指示しましょう。法第27条による口答指示にあたりますが、まずは「辞退届を受け取った（辞退したいと言った）けれども、詳しい話を聞きたいので、一度福祉事務所に来てくれませんか？」といった提案型の問いかけで来所を指示しましょう。

　被保護者が来所すれば、必ずＳＶや同僚のケースワーカーに同席してもらい、複数人対応で、あらためて保護を辞退しようと思った理由、そして生活保護を受けずにどうやって生活するのかを確認しましょう。

　中には、担当ケースワーカーの助言・指導が自身の意に添わず、衝動的に生活保護の辞退を申し出ていることもあります。その場合、きちんと聞き取らずに保護を廃止すると、「ケースワーカーや福祉事務所から保護廃止を強要された」と取られて後でトラブルになることもあります。それを防ぐためにも、被保護者の本当の意図がどこにあるのかをしっかりとつかみましょう。

　もしも、聞き取った内容から、辞退後に最低限度の生活を維持することが難しいと思われる場合は、「生活保護を受けずに、生活を維持するのは難しいのではないでしょうか？　生活保護を受けた状態で、生活を改善し自立を目指す方法を考えてみませんか？」と、辞退を取り下げる方向で提案しましょう。

　被保護者の来所が叶わない場合は、ＳＶ同行での臨時家庭訪問を行い、可能な限り本人意思を確認する機会を作りましょう。その際、居住実態が失われている（無断転居など、既にそこに住んでいない）場合は、辞退届による保護廃止ではなく、失踪による廃止手続きを取ります。

✓ 辞退届の後に被保護者がすべきことを説明する

　もしも、辞退後に最低限度の生活を維持することが難しいと思われる場合は、まずは被保護者の意思確認を行い、やはり辞退の意思が変わらないようであれば、辞退届を受理します。口頭で「辞退したい」と意思を示しているだけの場合は書面にしてもらいましょう。その際、単に「辞退したい」という言葉だけではなく、どういう理由で、どうやって今後生活するかも、被保護者の言葉で書いてもらうのがよいでしょう。

　辞退届を受理したら、保護を廃止した後の手続きなどを伝えますが、特に次の3点については忘れずに説明しましょう。

①医療費の取扱いについて説明する

　被保護者は生活保護の生活扶助（生活費）以外の扶助を、保護を受けているときはあまり意識していません。生活保護を廃止することで、今まで現物給付されていた医療費、介護費などがかかってくるのでそのことを説明します。特に医療費にかかる国民健康保険、後期高齢者医療制度の申請手続きはすぐ行うよう説明しましょう。

②生活保護の再申請について説明する

　辞退届の提出があっても、ほとんどの場合で生活保護を引き続き適用できる状態（生活保護の基準額よりも世帯の収入が少ない状態、2－5参照）です。被保護者本人の思いのとおり生活状況が改善できなければ、いつでも生活保護を再申請できることを説明しましょう。

③ケースワーカー以外の相談先を説明する

　生活保護を廃止になった後、何か心配事があったときの相談先を説明します。高齢者であれば地域包括支援センターやケアマネジャー、傷病者であれば通院先のソーシャルワーカー、他にも民生委員や生活困窮者自立支援制度による自立相談支援機関の窓口など、被保護者が完全に孤立しないように可能な限りの情報提供をします。

✓ 生活保護の廃止ではなく保護停止も考える

　辞退届の受理後、すぐに保護廃止の処理を行うのではなく、ケース診断会議を行いましょう。辞退の理由や最低限度の生活を維持できるかどうかをよく検討し、ケースワーカー個人ではなく福祉事務所の判断として保護の廃止を決定します。

　その際、生活保護の廃止ではなく、保護停止も検討すべきです。保護の停止、廃止の基準は［問答］第10の12で示されていますが、「保護を要しなくなる状態の継続について確実性を欠く」ときは世帯の生活状況の経過を観察するため、法第26条の規定による保護の停止ができるとされています。

　保護を廃止すると、ケースワーカーはその被保護者に対して助言や指導の機会を失いますが、保護の停止であれば、生活状況の経過の把握や必要に応じて、生活の維持向上に関して助言・指導を行うことができます（［局］第11-3）。

　また、一度、生活保護の廃止をしてしまうと、生活が立ちゆかなくなって再申請に来たとしても一から審査、保護の開始処理が必要になり、生活保護費の支給までにある程度の時間がかかります。その点、停止であれば保護の再開処理は比較的容易です。概ね6か月ほどを目処にして、保護を停止して経過観察をすることで、その世帯の生活状況の悪化を事前に察知できる可能性が高まります。

突然の辞退届に困ったあなたへの処方箋

被保護者の意思確認を徹底し、
保護停止も検討する

8 | 進学したい高校生への助言はどうしますか？

> 高校生の子どもがいる被保護者から、子どもの大学進学の相談がありました。どういったことをアドバイスすればよいでしょうか？

✓ 大学生は世帯分離になる

　生活保護では世帯内で保護を適用できるのは高校生までで、大学生になると世帯分離によりその子どもだけが保護の適用から外れます（[局]第1－5）。短期大学、専門学校に進学した場合も同様です。

　世帯分離しても転居せず同じ住居で暮らしても問題はなく、住民票を分ける（住民票での「世帯分離」）必要もありません。ただし、その大学生・専門学校生には（生活保護での）世帯分離により生活保護費は支給されなくなります。

　そのため、大学や専門学校への進学にあたって、被保護世帯の生活面でまず問題になるのが、「生活費をどうするか」「学費をどうするか」の2点です。

　もちろん進学にあたって受験や進路など教育面での相談は、ケースワーカーが具体的なアドバイスをすることは難しく、学校などの教育機関に頼ることになります。受験生の心身面での不安など、時には答えることが難しい相談もありますが、よく傾聴しつつ、ケースワーカーは生活費、学費に絞って助言するのがよいでしょう。

✓ 大学進学による生活費の変化を説明しよう

　大学生の生活費を説明する際は、世帯の生活保護費の変化を説明するのがよいでしょう。

　大学生になった子どもが世帯分離されることで、その世帯の収入である生活保護費（最低生活費）が減額になります。

■18歳の世帯員を世帯分離した際の生活扶助の減額試算

> 生活扶助（1類）　18,208円〜40,535円の減
> 生活扶助（2類）　　2,390円〜13,530円の減
> 　　　　　※最大の値は1級地の1で親との二人暮らし、最小の値は世帯員10
> 　　　　　　人以上の世帯で3級地の2の世帯、基準額②のみで試算（令和4
> 　　　　　　年度基準）

　被保護者が暮らす場所の級地や世帯員の人数により異なりますが、この試算でもおおよそ2万円から4万4千円の収入減となります。

　この減額分が、世帯分離される大学生が世帯に留まった場合に必要になる最低限の生活費です。生活保護から離れると、これだけの生活費を子ども自身がアルバイトなどをして賄う必要があります。

　この他、医療扶助も支給されなくなるので、定期的に通院している人はその医療費分も必要になります。

　世帯員減による具体的な生活保護費の支給額の変化を計算しておけば、その金額を見せて説明することができます。そうすることで、世帯分離される大学生だけでなく、世帯全体の生活がどう変わるのかをイメージすることができるようになります。

✔ 学費は奨学金で賄う

　大学の受験料や入学金、授業料などのいわゆる学費は、生活保護で支給されません。平成30年に「進学準備給付金」制度ができたので、申請すれば大学等に進学し世帯分離した人、または世帯外に転出した人に対して10万円（転出した人は30万円）が支給されます。しかし、この給付金は新生活の準備に役立てる一度きりのものとされており、学費にあてるというよりは大学生活で必要になる生活用品などを購入する費用にあてるだけで精一杯でしょう。

　そのため、学費は奨学金や教育ローンで賄う計画を立てなければいけません。高校でも説明を受けると思いますが、各都道府県のホームページでも情報を掲載しているので、各種奨学金制度の案内を用意して、被保護者に情報提供できるようにしましょう。

→ 主な奨学金制度

日本学生支援機構 奨学金	収入等の条件により、貸与奨学金（有利子、無利子）、給付奨学金（返済不要）あり https://www.jasso.go.jp/
生活福祉資金貸付 制度 教育支援費	各地の市町村社会福祉協議会が行う貸付（無利子） https://www.shakyo.or.jp/guide/shikin/seikatsu/#linkj02
母子父子寡婦福祉 資金貸付金制度	ひとり親世帯の子に対しての貸付（無利子） https://www.gender.go.jp/policy/no_violence/e-vaw/law/23.html
日本政策金融公庫 教育一般貸付	国の教育ローン（有利子） https://www.jfc.go.jp/n/finance/search/ippan.html

※他にも、市町村や大学などが独自に行う奨学金制度などがある

✅ 大学等への進学にあたり高校生に伝えること

　生活保護では、18歳以上の被保護者を稼働年齢層と位置づけています。大学等へ進学しなかった場合は、成人した大人として他の世帯員同様に、能力に応じて仕事をして生活の維持・向上に努めなければならない義務を負います（法第60条）。

　就職をするのか、進学をするのか、どちらにしても子どもにとって高校卒業は大きな選択と変化を伴います。

　その準備のためには、高校生になってからできる限り早い段階で、その子どもとの面接ができるように計画しましょう。

　子どもとの面接が叶えば、まず「あなたは(高校卒業後)どうしたい？」と投げかけ、本人の意思、希望を確認しましょう。

　就職を希望する場合は、生活保護のしおりなど生活保護の申請時に説明する資料などを使って、制度の概要や仕事をして得る収入の取扱いを説明しましょう。進学を希望する場合は、ここまでで解説した生活費と学費について説明します。

　また、生活保護からは支給されない就職活動に必要な費用を用意したり、学費として借りる奨学金を少しでも減らしたりするために、高校生の間にアルバイトをして貯金することを考えているのであれば、アルバイト収入を収入として認定せず貯金に回すことができる（[問答] 第8の58-2）ことも助言してください。生活保護から外される（世帯分離）というイメージだけでなく具体的な変化を説明できれば、子どもも就職、進学についてしっかりと考えることができるようになります。

> **高校生への助言に悩むあなたへの処方箋**
>
> ### 進学後の生活を具体的にイメージできるように
> ### 生活費と学費をしっかりと説明する

9 | 被保護者にかけられた 生命保険はどうしますか?

> 生活保護の申請があり、資産調査を行ったところ、申請者を被保険者とした生命保険契約があることがわかりました。
> 契約者、受取人は本人ではなく親族なのですが、どうすればよいですか?

✓ 保険契約も資産である

生活保護では、各種の保険契約も「利用し得る資産」として活用することが求められます。例えば、解約時にそれまで支払った金額の多くを解約返戻金として受け取ることができる保険を契約しているのであれば、まずはそれを最低生活の維持のために使うことが原則です。

保険契約とは未来に起こるかもしれない被害・損害に備えるために保険料を支払うものです。保険料を支払うことで、今現在の生活が困窮するようでは困ります。そのため、保護開始時に申請者が保有している保険契約は、次の3点に沿って保有を継続できるかを判断します。保有を認める場合は、保護開始時の解約返戻金相当額は資産として法第63条による返還金対象となることを被保護者に書面で説明します。

①その保険契約は仕事上必要なもの、もしくは自転車保険など危険対策を目的とするものか? 養老保険のような貯蓄性の高いものでないか?
②保険料は医療扶助や介護扶助を除く最低生活費の1割以下か?
③保護開始時の解約返戻金は最低生活費の概ね3か月未満か?

✓ 契約者、被保険者、受取人の違いに注意

　保険契約は契約者（保険料の支払者）、被保険者（補償の対象になる人）、受取人（保険金を受け取る者）の３者がどうなっているかを確認する必要があります。この保険契約が誰の資産で、どういったときに被保護者に益があるのかしっかりと確認しましょう。

→ 保険の契約類型による生活保護での取扱いの違い

契約者	被保険者	受取人	取扱い
○	○	○	契約内容を確認し、保有の可否を検討
○	○		被保護者は保険の恩恵を得られないので受取人を被保護者に変更できないなら解約を指示
○		○	被保護者に容認できる実益なく、解約を指示
○			
	○	○	被保護者の資産ではないため指導の対象外。保険金を受領すれば収入認定
		○	

※○は被保護者
出所：『生活と福祉』2001年8月号「生活保護における生命保険の取扱いについて」
　　　を参考に作成

保険契約の取扱いに困るあなたへの処方箋

契約者、被保険者、受取人を確認して保有できるか判断する

10 | 家を売却せずに 住むことはできますか？

> 自己所有の家を保有する単身の高齢者が、生活保護の申請にあたり
> 「この家に住んでいたい。知らないところに引っ越ししたくない」
> と言っています。1人で暮らすには広く、資産価値もありそうです。
> 資産活用せずに保護を適用してもよいものでしょうか？

✓ 高齢者は不動産担保型生活資金を活用する

　居住用の住居など不動産は法第4条で定められている「利用し得る資産」にあたります。資産価値が高かったり、住宅ローンが残っていたりする場合などは売却して資産活用を求めることになります。

　被保護者が65歳以上の高齢者の場合、「要保護世帯向け不動産担保型生活資金（リバースモーゲージ）」を利用することで、引き続き現在の住居に住み続けることができます。

　リバースモーゲージは、住居を担保に生活資金を年金のように受け取れるよう分割で貸し付け、居住者が死亡した後に住居を売却するか、残債を支払うかで精算する仕組みです。金融機関が販売する「不動産担保型生活資金」もありますが、生活保護受給者は、社会福祉協議会が行う生活福祉資金貸付事業のひとつとして行われている「要保護世帯向け」のものを活用します。

→ **要保護世帯向け不動産担保型生活資金の概要**

対象者	生活保護の受給が必要な原則65歳以上の高齢者世帯
対象物件	担保権（賃借権・抵当権等）が設定されていない評価額500万円以上の不動産
貸付限度額	評価額の70％（集合住宅の場合は50％）
貸付月額	生活保護基準額の1.5倍程度を１か月ごとに送金
貸付利子	年３％、または当該年度における４月１日時点の銀行の長期プライムレートのいずれか低い利率
連帯保証人	不要

✓ 貸付額が限度額を超えたら生活保護を再開する

　貸付が行われている期間の生活保護の取扱いは**廃止ではなく停止**になります。保護停止の期間中であっても被保護者として生活状況の把握や、必要な場合は生活の維持向上にかかる助言指導が可能です（［局］第11-3）。そのため、高齢者に住み慣れた住居からの転居を強いることなく、生活保護を受けている状態とほぼ同様の支援が可能です。

　貸付額と利子が貸付限度額に達して、貸付ができなくなった場合は生活保護を再開します。この場合も引き続きこの住居に住み続けることができます。対象者（被保護者）の死亡により契約は終了し、相続人が貸付金及び貸付利子を償還します。

高齢者の不動産の扱いに困るあなたへの処方箋

リバースモーゲージを活用して大きな負担を強いることなく生活を支援する

11 | 扶養能力調査ってどこまで やればいいですか？

> 被保護者から、「離婚して元のパートナーとはもう関係がないので、扶養照会をかけないでほしい」と言われました。
> 扶養能力調査はどこまでやればいいのか悩みます。

✓ 扶養能力調査は保護の要件ではなく優先事項

　わかります。ケースワーカーにとって扶養能力調査は、やらないといけないのかそうでないのか、どうにもすっきりしなくて困りますよね。

　扶養義務者による扶養は法第4条第2項において「保護に優先して行われる」とされています。同条第1項に書かれている資産、能力は「保護の要件」とされていますが、扶養は他の法律と並べて示されているとおり、**活用できるのであれば優先的に検討する**という位置づけと覚えていただくのがよいかと思います。

　他法他施策の活用と同等と考えると、少しだけイメージがスッキリしませんか？　他法他施策の活用と違うのは、活用するための方法や条件が決まっておらず、確実に扶養を得られる方法はないということです。

✓ 扶養能力調査は限定的に、扶養義務者の所在は明らかに

　さて、質問のように被保護者が望まない扶養能力調査については可能な限り被保護者の意向を汲んで限定的に行うと判断するのがよいでしょう。具体的には、次の手順で調査対象を絞ります。

①保護の申請時に、扶養義務者（［局］第5－1－（2）に示す範囲）の氏名と住所、親交を確認する（申請書類に記入していただく）。

②戸籍謄本、戸籍の附票を公用照会により取り寄せ、扶養義務者の存否を確認する。①で申告のなかった扶養義務者が見つかれば、被保護者に、その人との親交を確認する。

③①②を突き合わせて、既に死亡している人や交流が長期間途絶している人、その他、明らかに扶養義務履行が期待できない者は調査対象から外す（［別冊問答集］問5－1）。

④残った扶養義務者について、被保護者に扶養能力調査を行えない理由がないかを聞き取る。過去に扶養されていた親戚などがいれば現状や親交を聞き取り、照会できるか被保護者の考えを尋ねる。

⑤④で聞き取った内容を踏まえ、調査範囲を所内で検討し判断する。

　質問の内容は④で聞き取り、⑤で判断することになります。明らかに金銭的な扶養能力があったとしても、ＤＶなどで被保護者や相手に良くない影響を与えると考えられる場合は、③の「扶養義務履行が期待できない者」に該当するので照会を控えましょう。扶養能力がうかがえ、単に被保護者が照会を拒否しているだけと思われる場合も、⑤で所内検討したうえで照会するかどうか判断しましょう。

　扶養能力調査を行わない場合でも②までは確実に行います。金銭援助だけが扶養ではありません。いざというときに連絡が取れる扶養義務者がいることは被保護者の自立助長にもプラスになります。

扶養援助照会に迷ったあなたへの処方箋

扶養能力調査は被保護者の意向も考慮し　範囲を絞って行おう

8 理想のSVになる方法を考える

　CHAPTER 8 はケースワーカーから受ける様々な質問・相談にSVが回答するようなイメージで書きました。

　どんな相談にでもパッと最適解を答えられるSVが身近にいれば、ケースワーカーにとってどんなに心強いかと思います。そんなSVになるためにはどんなことをすればよいでしょうか。

　この質問への最適解は私も持ち合わせてはいませんが、私がSV時代に実践していたことを2つご紹介します。

　ひとつは、ケースワーカーの先回りをして援助方針を妄想することです。ケースワーカーから決裁で回される保護記録を読みながら、自分が担当ケースワーカーならどう援助するかなと考えます。気が付いたことを5－4で紹介したように、世帯票などにドンドンと書き込んで、ケースワーカーから相談されたときには、まるで自分自身が担当者のように答えられるようになります。ただし、くれぐれも自分の考えを押し付けてはいけません。

　もうひとつは、「オフの仕事」（7－6）の時間を使って、自分の得意なことを伸ばすということです。私の場合は、保護変更などの記録用紙のテンプレートを作るなどしていました。作ったものでうまくできたものは他のケースワーカー、SVと共有することで効率化が図れます。SV自身が強みを生かす様子を見せることはもちろん、ケースワーカーの強みも見つけてチームの皆に知らせてあげましょう。個人個人が得意なことを伸ばして、お互いの強みを共有することで、このことだったら○○さんに相談してみようと思えるようになります。

　みんなで支え合う現場づくりをSVが率先したいものです。

> **ひとくちmemo**
> 自分にできることをみんなでできることに広げていこう

おわりに

　皆さん、生活保護の仕事は面白いですか？

　私がこの質問をされたら、少しだけ複雑な顔をしながらも「面白いですよ」と答えると思います。

　ありがたいことに、昨年（2022年）、ケースワーカーの皆さんに提供していた「生活保護通知・通達総索引」制作などの活動を評価いただき、株式会社HOLGが主催する『地方公務員が本当にすごい！と思う地方公務員アワード2022』を受賞させていただきました。

　私の活動は全て「自分が楽になるために」という気持ちでスタートしています。しかし、その活動が自分自身だけでなく、同じケースワーカーの方の役に立ち、さらにその先にいる生活保護を利用する被保護者のためになっていると評価いただいたのは、本当に嬉しく、そして面白いなあと感じました。

　本書には、そんな「自分が楽になるために」と考えて、ケースワーカーの仕事を楽しむためにやってきたことを盛り込みました。私のアイデアや試みを面白いと思って試したり、もっと良い仕事に繋がるように活かしたりしてくださると嬉しいです。

　本書を書き上げるにあたって、今回も多くの方にご協力いただきました。CHAPTER 5の執筆にあたって資料をご提供いただいた高知県南国市の松岡千左さん、最新の現場の情報を教えてくださったオンライン市役所で繋がる現役ケースワーカー・ＳＶの皆さん、そして何より本書を手に取って読んでくださった皆さまに心より感謝します。

　本書が皆さんの今後の生活保護ケースワーカーとしての活躍に繋がることを願っています。

2023年4月

山中　正則

【著　者】**山中　正則**（やまなか・まさのり）

大阪市天王寺区保健福祉課担当係長。生活保護ケースワーカーやSV（スーパーバイザー）を経験した後、広報担当、防災担当、新型コロナウイルス対応業務などを経て現職。
生活保護関連通知・通達を探すことができる「生活保護通知・通達総索引」を制作し、これまでに累計で1,000を超える福祉事務所に無償配布。「地方公務員が本当にすごい！と思う公務員アワード2022」受賞。防災士。著書に『福祉知識ゼロからわかる！　生活保護ケースワーカーの仕事の基本』（学陽書房、2022）がある

生活保護ケースワーカー
はじめての現場の実務

2023年5月16日　初版発行

著　者　**山中　正則**

発行者　**佐久間重嘉**

発行所　**学 陽 書 房**

〒102-0072　東京都千代田区飯田橋1-9-3
営業部／電話 03-3261-1111　FAX 03-5211-3300
編集部／電話 03-3261-1112
http://www.gakuyo.co.jp/

ブックデザイン／八木孝枝　　DTP制作・印刷／加藤文明社
製本／東京美術紙工